Darganfod Bryngaer Pen
Discovering Pendinas Hillfort

PENPARCAU, ABERYSTWYTH

Toby Driver & Ken Murphy

Beca Davies, Jon Dollery, Luke Jenkins, Chloe Griffiths & Nicola Roberts

Cyhoeddwyd gan Gomisiwn Brenhinol Henebion Cymru a Heneb: Ymddiriedolaeth Archaeolegol Cymru

Published by the Royal Commission on the Ancient and Historical Monuments of Wales & Heneb: the Trust for Welsh Archaeology

Prosiect Pendinas Project

Mae i'n stori ni hen ias – a'i sŵn hi
    Sy'n newydd o'n cwmpas,
Llyfr y mae'i ddalennau'n las:
Pennod Un yw Pendinas.

History writes here with two pens.
Look up to where the land extends
From where we stand, our story – look! –
Opens like a wondrous book,
Its spine a stone, its words a songbird,
Its first page reads: forever forward.

Eurig Salisbury, Ebrill/April 2024

Cynnwys / Contents

Rhagair gan Ben Lake AS Foreword by Ben Lake MP	3
Penparcau Cyn Hanes: Darganfod Pendinas! Penparcau in Prehistory: Discovering Pendinas!	5
Pendinas: Prifddinas Hynafol Canolbarth Cymru Pendinas: Ancient Capital of Mid-Wales	8
Cyn Bryngaer Pendinas Before Pendinas Hillfort	11
Y Geredigion Geltaidd Celtic Ceredigion	13
Cloddio Pendinas Digging Pendinas	20
Byddin o Wirfoddolwyr A Volunteer Army	40
Ar ôl y Fryngaer After the Hillfort	44
Mapio Pendinas Mapping Pendinas	45
Cofgolofn Wellington The Wellington Monument	48
Creu Lle i Fyd Natur Making Space For Nature	51
Y Genhedlaeth Nesaf: Gweithio gydag Ysgol Llwyn yr Eos The Next Generation: Working with Ysgol Llwyn yr Eos	54
Cael Gwybod Mwy! Find Out More!	57
Llinell Amser Timeline	60

Rhagair

Ben Lake, AS

Mae'n fraint cael cyflwyno'r llyfryn hwn sy'n benllanw prosiect nodedig, sef Prosiect Archaeoleg Gymunedol Pendinas—ymdrech 18 mis sydd wedi creu cyffro ynglŷn â'n treftadaeth leol, ac sydd wedi uno'r gymuned leol yn yr ymgais i ddathlu hanes bryngaer Pendinas yn well ac i ddiogelu'r safle er mwyn i genedlaethau'r dyfodol ei fwynhau.

Dan arweiniad Comisiwn Brenhinol Henebion Cymru a Heneb: Ymddiriedolaeth Archaeolegol Cymru, a gyda chyllid hael gan Gronfa Treftadaeth y Loteri Genedlaethol a chyfraniadau gan Cadw, mae'r prosiect hwn yn enghraifft wych o'r hyn y gellir ei gyflawni pan fydd sefydliadau cyhoeddus a mudiadau gwirfoddol yn cydweithio â'i gilydd i wireddu gweledigaeth gyffredin. Cafodd y fenter ei sbarduno gan ein cymuned ni ein hunain a aeth ati'n egnïol i ddyfnhau ein gwybodaeth am fryngaer Pendinas a gwella camau i'w diogelu. Mae'n bleser gennyf nodi bod y ddau amcan hyn wedi'u cyflawni yn llwyddiannus.

Mae'r prosiect wedi hwyluso dau weithgaredd cloddio a rhaglen gynhwysfawr o weithgareddau allgymorth, a oedd yn cynnwys teithiau cerdded tywysedig, gweithdai mapio a gwaith

Ben Lake AS yng Ngŵyl Archaeoleg Pendinas, 2023. (Hawlfraint y Goron: CBHC; y llun gan Akron Productions)

Foreword

Ben Lake, MP

It is an honour to introduce this booklet, which marks the culmination of the remarkable Pendinas Community Archaeology Project—an 18-month endeavour that has sparked excitement in our local heritage and has united the local community in the effort of better celebrating the history of Pendinas hillfort and of preserving the site for the enjoyment of future generations.

Led by the Royal Commission on the Ancient and Historical Monuments of Wales and Heneb: the Trust for Welsh Archaeology, and generously funded by the National Lottery Heritage Fund with contributions from Cadw, this project is a prime example of what can be achieved when public and voluntary organisations collaborate to realise a shared vision. The driving force behind this initiative has been our very own community, who took to the tasks of deepening our knowledge about Pendinas hillfort and improving its preservation with vigour. I am delighted to report that these objectives have both been successfully met.

The project has facilitated two excavations and a comprehensive programme of outreach activities, including guided walks, mapping

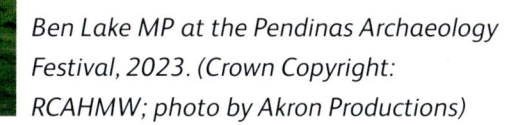

Ben Lake MP at the Pendinas Archaeology Festival, 2023. (Crown Copyright: RCAHMW; photo by Akron Productions)

crefft, sgyrsiau eglurhaol, a gŵyl archaeoleg fythgofiadwy a gynhaliwyd ym mis Medi 2023. Mae'r gweithgareddau hyn i gyd wedi'u cynnal yng nghalon ein cymuned, sef Hwb Cymunedol Penparcau, a'r allwedd i'w llwyddiant oedd ymroddiad a brwdfrydedd llu o wirfoddolwyr.

Mae'r llyfryn hwn, a luniwyd gan y tîm cloddio ar y cyd ag arbenigwr Penparcau ar fywyd gwyllt a Swyddog Allgymorth Cymunedol y prosiect, yn archwilio arwyddocâd bryngaer Pendinas yng ngoleuni darganfyddiadau archaeolegol diweddar ac ar sail dulliau arolygu arloesol. Mae'r canfyddiadau hynny wedi'u cyfleu mewn modd hudolus yn y llyfryn hwn drwy ddarluniau ail-greu a gomisiynwyd yn arbennig.

Mae'n hanfodol bod gwaddol y prosiect hwn a ariannwyd gan Gronfa Treftadaeth y Loteri Genedlaethol yn parhau, a bod y prosiect yn dal o fudd i'r gymuned yr oedd yn fwriad iddo ei gwasanaethu. Mae'r llyfryn hygyrch ac awdurdodol hwn yn tystio i'r ymrwymiad hwnnw. Bydd yn cael ei ddosbarthu i ysgolion lleol a'r gymuned ehangach a bydd ar gael am ddim hefyd o siop ar-lein y Comisiwn.

Diolch i ymdrechion y prosiect, mae cloddiau a ffosydd hynafol bryngaer Pendinas wedi dod i'r golwg o ganol y rhedyn a'r eithin goresgynnol a oedd wedi gordyfu. Wrth edrych i'r dyfodol, mae Pendinas mewn sefyllfa dda i fwynhau bri o'r newydd a bod yn lle annwyl i bobl leol yn ystod y 2,000 o flynyddoedd nesaf!

Rwy'n gobeithio y byddwch chithau fel finnau'n teimlo bod y llyfryn hwn yn un sy'n eich ysbrydoli ac yn eich goleuo.

and craft workshops, enlightening talks, and an unforgettable archaeology festival in September 2023. All these activities have been hosted at the heart of our community, the Penparcau Community Hub, and owe their success to the dedication and enthusiasm of a legion of volunteers.

This booklet, compiled by the excavation team in collaboration with Penparcau's wildlife expert and the project's Community Outreach Officer, explores the significance of Pendinas hillfort in light of recent archaeological discoveries and informed by cutting-edge survey methods. These findings have been brought to captivating life in this booklet by specially commissioned reconstruction drawings.

It is essential that the legacy of this NLHF-funded project endures, and continues to benefit the community it was designed to serve. This booklet, both accessible and authoritative, stands testament to that commitment. It will be distributed to local schools and the wider community, as well as being freely available online from the Commission's online shop.

Thanks to the efforts of the project, the ancient banks and ditches of Pendinas hillfort have emerged from the overgrowth of invasive gorse and bracken. As we look to the future, Pendinas is poised to stand in renewed glory and local affection for the next 2,000 years!

I hope you find this booklet as inspiring and enlightening as I have.

Penparcau Cyn Hanes: Darganfod Pendinas!

Mae bryn uchel Pendinas, sef cartref chwedlonol Maelor Gawr a'r fryngaer fwyaf ar hyd Bae Aberteifi, wedi bod yn nodwedd amlwg o'r dirwedd wrth nesáu at Aberystwyth ers y cyfnodau cynharaf. Heddiw, mae Pendinas yn Warchodfa Natur Leol werthfawr sydd wedi'i hamgylchynu gan dir ffermio a chartrefi trigolion Penparcau. Mae Afon Ystwyth a thraeth Tan-y-bwlch ar hyd ei ffin dde-orllewinol ac mae'r môr i'r gorllewin ohoni.

    Am 18 mis yn ystod 2023–2024, bu Prosiect Bryngaer Pendinas yn gweithio gyda'r gymuned leol i archwilio, darganfod a diogelu pen hynafol y bryn hwn er budd cenedlaethau'r presennol a'r dyfodol. Cafodd y prosiect partneriaeth hwn rhwng Heneb: Ymddiriedolaeth Archaeolegol Cymru a Chomisiwn Brenhinol Henebion Cymru, gyda chymuned Penparcau, ei ariannu gan Gronfa Treftadaeth y Loteri Genedlaethol a Cadw a'i lansio ar 15 Mawrth 2023 yn Hwb Cymunedol Penparcau, Aberystwyth. Roedd prif bartneriaid y prosiect yn cynnwys Cyngor Sir Ceredigion, Fforwm Cymuned Penparcau, Amgueddfa Ceredigion, Archifdy Ceredigion, Cymdeithas Hanes Ceredigion, Grŵp Hanes a Threftadaeth Penparcau, a Grŵp Bywyd Gwyllt Penparcau. Deilliodd y syniad am y prosiect o blith aelodau'r gymuned leol, a oedd am wybod mwy am y fryngaer a'i gweld yn cael ei chynnal a'i chadw yn well; roedd llwyddiant y prosiect yn dibynnu ar eu help nhw.

Penparcau in Prehistory: Discovering Pendinas!

The mighty hill of Pendinas, legendary home of Maelor the giant and the largest hillfort on Cardigan Bay, has dominated the approaches to Aberystwyth since earliest times. Today Pendinas is a treasured Local Nature Reserve surrounded by working farmland and the homes of Penparcau residents, bounded to the south-west by the River Ystwyth and Tan-y-bwlch beach, with the sea to the west.

    For 18 months in 2023–2024 the Pendinas Hillfort Project worked with the local community to explore, discover and conserve this ancient hilltop for the benefit of current and future generations. This National Lottery Heritage Fund and Cadw-funded partnership project between Heneb: the Trust for Welsh Archaeology and the Royal Commission on the Ancient and Historical Monuments of Wales, with the community of Penparcau, was launched on the 15 March 2023 at the Penparcau Community Hub, Aberystwyth. Key partners in the project included Ceredigion County Council, Penparcau Community Forum, Amgueddfa Ceredigion Museum, Archifdy Ceredigion Archives, Cymdeithas Hanes Ceredigion Historical Society, Penparcau History and Heritage Group, and Penparcau Wildlife Group. The idea for the project arose from members of the local community, who wanted to know more about the hillfort and to see it better maintained; the project's success depended on their help.

Map sy'n dangos bryngaer a Gwarchodfa Natur Leol Pendinas a chymuned Penparcau. (Gwaith celf: Carys-ink; comisiynwyd gan Brosiect Cymunedol Bryngaer Pendinas. Hawlfraint y Goron; ar gael am ddim drwy Drwydded Llywodraeth Agored)

Map showing Pendinas hillfort and Local Nature Reserve, and the Penparcau community. (Artwork: Carys-ink; commissioned by the Pendinas Hillfort Community Project. Crown Copyright; freely available through the Open Government License)

Cynhaliodd Prosiect Pendinas y gweithgareddau cloddio archaeolegol newydd cyntaf ers 81 o flynyddoedd. Yn ystod y prosiect hefyd, cafodd rhedyn ac eithin eu clirio er mwyn gwella pen y bryn ar gyfer y planhigion, yr adar a'r bywyd gwyllt arall sy'n byw ar ei lethrau. Rhwng y ffilmiau a wnaed, y crochenwaith a grëwyd, y prosiectau ysgolion, y teithiau cerdded tywysedig, yr adrodd straeon, y rhaglen o sgyrsiau, a hyd yn oed murlun newydd trawiadol ar gyfer Ysgol Llwyn yr Eos, mae'r prosiect wedi cadw pawb yn brysur—ym mhob math o dywydd! Mae'r llyfryn hwn yn adrodd stori Pendinas a'r modd y mae'r prosiect newydd wedi dod â phen hynafol y bryn hwn yn fyw.

The Pendinas Project has carried out the first new archaeological excavations for 81 years. The project also saw the clearance of bracken and gorse to improve the hilltop for the plants, birds and other wildlife that have their home on its slopes. Along with film making, pottery making, schools projects, guided walks, storytelling, a programme of talks, and even a stunning new mural for Llwyn yr Eos school, the project has kept everyone busy—and in all weathers! This booklet tells the story of Pendinas, and how the new project has brought this ancient hilltop to life.

Archwilio Pendinas gyda disgyblion o Ysgol Gymraeg Aberystwyth ym mis Ebrill 2024. (© Buddug Lloyd Davies)

Exploring Pendinas with pupils from Ysgol Gymraeg, Aberystwyth, April 2024. (© Buddug Lloyd Davies)

Pendinas: Prifddinas Hynafol Canolbarth Cymru

Cyflwyno bryngaer Pendinas

Mae bryngaer Pendinas yn bentref caerog o gyfnod cyn y Rhufeiniaid, sydd mewn safle ardderchog ar ben bryn amlwg iawn ar arfordir Bae Aberteifi yn y gorllewin. Datblygodd y fryngaer o'r Oes Haearn (600 CC–43 OC) dros gyfnod o ganrifoedd lawer, ac yn y pen draw roedd yn cynnwys y copa deheuol mwy serth a'r copa gogleddol is. Roedd waliau cryf a phyrth yn cysylltu'r gaer ddeheuol a'r gaer ogleddol â'i gilydd ar draws y cyfrwy canol o dir is, sef y *culdir*.

Mae popeth am Bendinas yn drawiadol. Dyma'r fryngaer fwyaf yng Ngheredigion, ac un o'r rhai mwyaf yng Nghymru. Mae'n ymestyn dros 500 metr o'r gogledd i'r de ac yn amgáu ychydig dan 6 hectar—sy'n cyfateb i bron 10 o gaeau pêl-droed. Roedd modd mynd i mewn i'r gaer drwy sawl porth pren, a oedd yn cynnwys tyrau tal. Roedd tua 30–40 o dai crwn wedi'u gwasgu i mewn i'r gaer ddeheuol, ac roedd llawer ohonynt wedi'u hadeiladu ar lwyfannau a gloddiwyd allan o ochr y bryn.

Mae'r terasau amddiffynnol mawr a grëwyd o'r graig ar ochr ddwyreiniol y gaer ddeheuol ymhlith yr enghreifftiau mwyaf trawiadol o beirianneg gynhanesyddol sydd i'w gweld yng Nghymru. Waliau cerrig oeddent yn wreiddiol, gyda waliau pren (palisadau) ar eu pen.

Nid ydym yn gwybod faint o bobl oedd yn byw y tu mewn i Bendinas. Bu pobl yn byw yno am ganrifoedd lawer, a byddent wedi profi cyfnodau o

Pendinas: Ancient Capital of Mid-Wales

Introducing Pendinas hillfort

Pendinas hillfort is a strongly sited pre-Roman defended village, commanding a prominent hill on the west coast of Cardigan Bay. The Iron Age (600 BC–AD 43) hillfort developed over several centuries, eventually encompassing both the steeper south summit and the lower north summit. Strong walls and gates linked the south fort and the north fort across the central saddle of lower ground called the *isthmus*.

Everything about Pendinas is impressive. It is the largest hillfort in the county of Ceredigion, and one of the largest in Wales, measuring over 500 metres from north to south and enclosing just under 6 hectares—equivalent to nearly 10 football pitches. Several timber gateways, incorporating tall towers, gave access into the fort. Inside around 30–40 roundhouses were crowded within the south fort, many built on terraces quarried out of the hillside.

The great rock-cut defensive terraces on the eastern side of the south fort are among the most impressive examples of prehistoric engineering in Wales. They were originally stone-walled and topped with timber walls (palisades).

We do not know how many people lived inside Pendinas. It was occupied for many centuries, and there would have been periods of prosperity as well as times of poverty and near-abandonment.

lewyrch yn ogystal â chyfnodau o dlodi pan fyddai bron bawb wedi cefnu ar y lle. Mae gweithgareddau cloddio yn y 1930au—ac yn fwy diweddar—wedi taflu goleuni newydd ar y bobl a oedd yn byw yn y gaer, ond mae llawer o gyfrinachau'n perthyn o hyd i'r anheddiad hynafol hwn.

Excavations in the 1930s—and more recently— have shed new light on the people who lived in the fort, but this ancient settlement still holds many secrets.

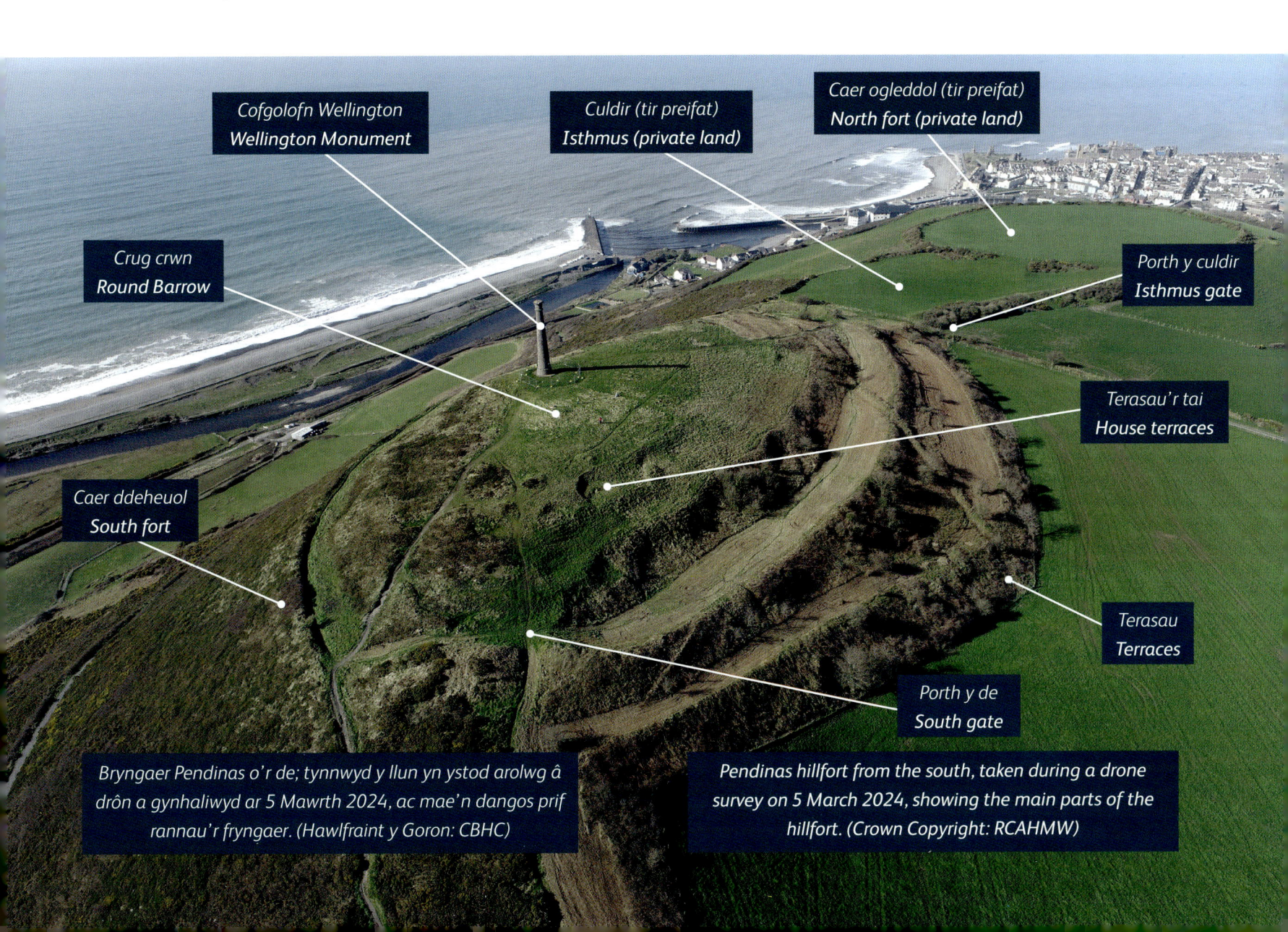

- Cofgolofn Wellington / Wellington Monument
- Culdir (tir preifat) / Isthmus (private land)
- Caer ogleddol (tir preifat) / North fort (private land)
- Crug crwn / Round Barrow
- Porth y culdir / Isthmus gate
- Terasau'r tai / House terraces
- Caer ddeheuol / South fort
- Terasau / Terraces
- Porth y de / South gate

Bryngaer Pendinas o'r de; tynnwyd y llun yn ystod arolwg â drôn a gynhaliwyd ar 5 Mawrth 2024, ac mae'n dangos prif rannau'r fryngaer. (Hawlfraint y Goron: CBHC)

Pendinas hillfort from the south, taken during a drone survey on 5 March 2024, showing the main parts of the hillfort. (Crown Copyright: RCAHMW)

Llun drôn o weithgareddau cloddio wrth borth y culdir, a phorth gogleddol y gaer ddeheuol, ym mis Ebrill 2023. (Hawlfraint y Goron: CBHC)

Drone view of excavations at the isthmus gateway, and north gate of the south fort, April 2023. (Crown Copyright: RCAHMW)

Cloddio tŷ crwn, gyda llawer o bobl yn ymweld yn ystod Gŵyl Archaeoleg Pendinas ym mis Medi 2023. (Hawlfraint y Goron: CBHC; y llun gan Akron Productions)

Roundhouse excavations with crowds visiting during the Pendinas Archaeology Festival, September 2023. (Crown Copyright: RCAHMW; photo by Akron Productions)

Cyn Bryngaer Pendinas

O helwyr-gasglwyr i gladdedigaethau yn yr Oes Efydd

Mae'r dystiolaeth gynharaf o bresenoldeb pobl yn ardal Aberystwyth yn dyddio o gyfnod ar ôl i haenau iâ'r rhewlifiant olaf gilio, o'r diwedd, tua 12,000 o flynyddoedd yn ôl. Wrth i'r dirwedd gynhesu, byddai criwiau o helwyr o ehangdir Ewrop yn dilyn heidiau o anifeiliaid gwyllt—megis elciaid, ceirw a baeddod gwyllt—i gyfeiriad y gogledd ac i mewn i Brydain. Roedd lefelau'r môr yn is o lawer, ac roedd llawer o'r hyn sy'n Fôr Iwerddon erbyn heddiw yn wastatir llydan llawn coed. Yn 1922, ar gefnen greigiog yn Nhan-y-bwlch sy'n edrych dros harbwr Aberystwyth, ychydig islaw'r fryngaer, darganfu archaeolegwyr wersyll helwyr o Oes Ganol y Cerrig neu'r Oes Fesolithig (10,000–4,000 CC) yn ogystal â channoedd o offer fflint cain a gâi eu defnyddio fel arfau, harpwnau, cyllyll ac offer trin lledr.

Datblygodd ffyrdd newydd o fyw ac o ffermio yng ngogledd-orllewin Ewrop ar ôl 5,000 CC, yn ystod yr Oes Neolithig neu Oes Newydd y Cerrig. Gallai bwyell garreg a ddarganfuwyd ar lethrau Pendinas fod yn fwyell y digwyddwyd ei cholli 6,000 o flynyddoedd yn ôl; neu gallai fod yn dystiolaeth bryfoclyd o anheddiad cynnar. Newidiodd ffyrdd o fyw unwaith eto yn ystod yr Oes Efydd (2,500 CC–1,150 CC). Mae yna dwmpath isel o bridd ar gopa bryngaer Pendinas, a slabiau cerrig cylch allanol sydd i'w gweld drwy'r glaswellt. Crug crwn neu domen gladdu o'r Oes Efydd yw hwn, ac nid yw wedi cael ei gloddio erioed. Cafodd lonydd gan y bobl a adeiladodd y fryngaer, a oedd yn ôl pob tebyg yn parchu sancteiddrwydd a grym eu cyndeidiau pell.

Before Pendinas Hillfort

From hunter-gatherers to Bronze Age burials

The earliest evidence for people in the Aberystwyth region dates from after the ice sheets of the last glaciation finally receded around 12,000 years ago. As the landscape warmed, bands of hunters from the European landmass followed herds of wild animals—such as elk, deer and wild boar—north into Britain. Sea levels were far lower, with much of what is now the Irish Sea a wide, wooded plain. In 1922, on a rocky ridge at Tan-y-bwlch overlooking Aberystwyth harbour, just below the hillfort, archaeologists discovered a Middle Stone Age or Mesolithic (10,000–4,000 BC) hunters' camp with hundreds of fine flint tools used for weapons, harpoons, knives and leather working.

New ways of living and farming developed in north-west Europe after 5,000 BC, during the Neolithic or New Stone Age. A single find of a stone axe from the slopes of Pendinas may have been a casual loss from 6,000 years ago; or it may be tantalising evidence for an early settlement. Ways of life changed again during the Bronze Age (2,500 BC–1,150 BC). On the summit of Pendinas hillfort there is a low earthen mound, with stone slabs of an outer circle poking through the grass. This is a Bronze Age round barrow or burial mound and has never been excavated. It was left undisturbed by the hillfort builders, who probably respected the sanctity and power of their distant ancestors.

Ailgread o'r domen gladdu o ddechrau'r Oes Efydd ar gopa Pendinas, a gâi ei defnyddio tua 2,500 CC. (© Toby Driver)

Reconstruction of the Early Bronze Age burial mound on the summit of Pendinas, in use around 2,500 BC. (© Toby Driver)

Y Geredigion Geltaidd

Roedd yr Oes Haearn yn gyfnod pan gafodd bryngaerau enfawr eu hadeiladu ar draws Cymru. Yn ôl archaeolegwyr, y canrifoedd ar ôl 600 CC oedd dechrau'r Oes Haearn ym Mhrydain pan ddechreuodd crochanau, offer ac arfau ymddangos a oedd wedi'u gwneud o'r metel newydd cryf hwn. Yn ystod y chwe chanrif wedi hynny, cyn y goncwest Rufeinig yn ystod y ganrif gyntaf OC, cafodd bron 300 o fryngaerau a ffermydd caerog eu hadeiladu yng Ngheredigion.

Cafodd y ffigwr pren unigryw hwn o'r Oes Haearn, nad yw'n fwy nag 13cm o daldra, ei ddarganfod yng Nghors Caron ger Ystrad Fflur cyn 1903. Mae'n debygol iawn mai offrwm addunedol oedd e'—rhodd i dduwiau'r 'bydoedd eraill'. Dyma un o'r portreadau cynharaf o berson, sydd wedi'i ddarganfod yng Nghymru, ac mae i'w weld yn Amgueddfa Ceredigion. (© Toby Driver)

Celtic Ceredigion

The Iron Age was a time of mighty hillforts built right across Wales. Archaeologists describe the centuries after 600 BC as the start of the Iron Age in Britain, when cauldrons, tools and weapons begin to appear made of this strong new metal. Over the following six centuries before the Roman conquest in the first century AD, nearly 300 hillforts and defended farmsteads were built in Ceredigion.

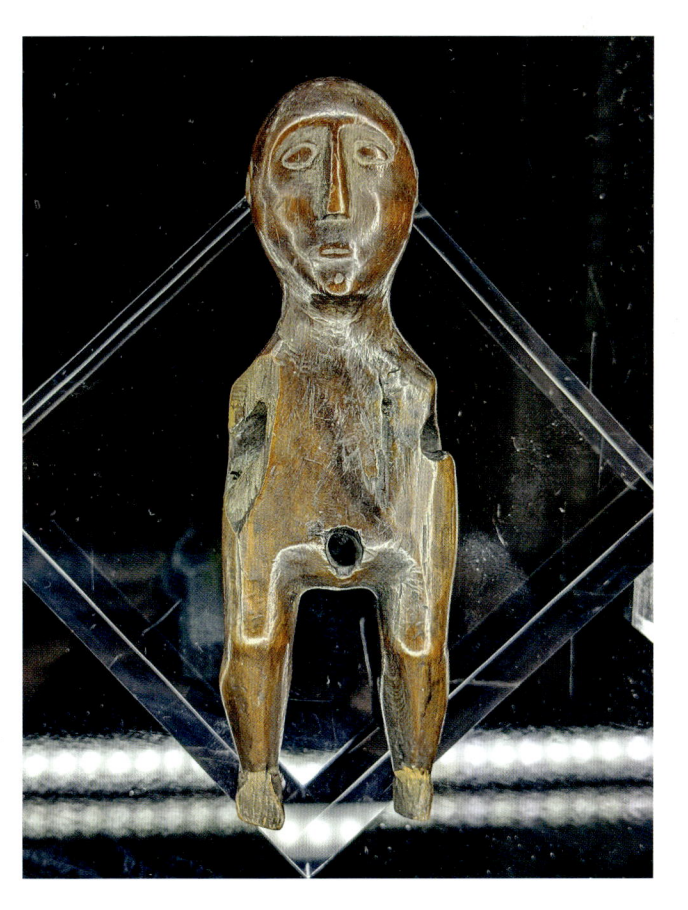

This unique Iron Age wooden figure, only 13 cm tall, was discovered in Tregaron Bog near Strata Florida before 1903. It was very probably a votive deposit—a gift to the gods of the 'otherworlds'. It is one of the earliest depictions of a person found in Wales, and is on display at Amgueddfa Ceredigion Museum. (© Toby Driver)

Adeiladu Pendinas

Roedd bryngaerau megis Pendinas yn bentrefi caerog hirhoedlog a ddaeth yn ganolfannau masnach, lle'r oedd modd storio a rheoli ŷd a gwartheg. Mae'n debyg y byddai arweinwyr carismatig wedi hawlio'r bryn yn eiddo iddyn nhw tua 400 CC.

Cafodd y fryngaer ei hadeiladu gan weithlu lleol mawr. Gallwn ddychmygu galwad i deuluoedd a grwpiau llai o faint ddod o filltiroedd i ffwrdd i helpu gyda'r gwaith adeiladu. Yn gyfnewid am eu llafur rhad ac am ddim—ar adegau tawel o'r flwyddyn ar ffermydd, efallai—byddent yn cael eu gwarchod yn ystod cyfnodau o galedi neu wrthdaro. Mae waliau isel a ddarganfuwyd o fewn y cloddiau amddiffynnol wrth gloddio yn 2023 yn dangos sut y gofynnwyd i griwiau o weithwyr adeiladu eu rhannau eu hunain o ragfuriau.

Roedd angen llawer o bren. Roedd angen tua 6,000 o goed ym Mhendinas, a châi'r pren ei ddefnyddio i gryfhau'r rhagfuriau pridd a cherrig yn fewnol, creu palisadau o byst unionsyth ar ben waliau, a chreu pyrth a thai. Byddai coed wedi'u cwympo—neu byst ac estyll wedi'u gorffennu—a oedd filltiroedd i ffwrdd wedi cael eu cludo i'r safle gan dimau o ychen.

Mae'n bosibl mai ffermwyr gwartheg, defaid a geifr oedd trigolion Pendinas yn bennaf, ond byddai caeau o ŷd yn cael eu tyfu hefyd. Mae hadau a ddarganfuwyd wrth gloddio'n ddiweddar yn dangos y byddai pobl yn tyfu ceirch, haidd, gwenith, emer a sbelt.

Yn ogystal, roedd safle Pendinas ar arfordir y gorllewin yn galluogi'r gymuned i bysgota,

Building Pendinas

Hillforts like Pendinas were long-lived defended villages which became centres for trade, where grain and cattle wealth could be stored and controlled. It is likely that charismatic leaders claimed the hill as their own around 400 BC.

The hillfort was built by a large local workforce. We can imagine a call to families and smaller groups from miles around to come and help with the building work. In return for their gift of labour—perhaps at slack times of the farming year—they would be rewarded by protection in times of hardship or strife. Low walls discovered within the defensive banks during the 2023 excavations, show how gangs of workers were each tasked with building their own sections of rampart.

Timber was needed in vast quantities. Around 6,000 trees were required at Pendinas, with wood being used for internal bracing of the earth and stone ramparts, as well as for wall-top palisades of upright posts, and for gateways and houses. Felled trees—or finished posts and planks—from miles around would have been hauled to site by oxen teams.

The inhabitants of Pendinas may have been predominantly farmers of cattle, sheep and goats but fields of grain were also cultivated. Seeds recovered from the recent excavations show that people grew oats, barley, wheat, emmer and spelt.

The position of Pendinas, right on the west coast, also allowed the community to fish, to gather seaweed and shellfish from the shore, and to trade with visitors from overseas. The lack of any other coastal forts for several miles around

Corn rhyfel neu gatgorn Celtaidd yn seinio ym Mhendinas yn 2023. Yn aml, câi'r cyrn brawychus hyn eu defnyddio mewn brwydrau yn erbyn milwyr Rhufeinig. (Hawlfraint y Goron: CBHC; y llun gan Akron Productions)

A Celtic war-horn or 'carnyx' rings out at Pendinas in 2023. These terrifying horns were often used in battles against Roman troops. (Crown Copyright: RCAHMW; photo by Akron Productions)

Ailgread newydd o fryngaer Pendinas yn ei hoes aur, tua 2,000 o flynyddoedd yn ôl. Dangosir y fryngaer o gyfeiriad y de, ar ddiwrnod yn yr hydref. (Darlun ail-greu gan Wessex Archaeology, a gomisiynwyd gan Brosiect Cymunedol Bryngaer Pendinas. Hawlfraint y Goron; ar gael am ddim drwy Drwydded Llywodraeth Agored)

A new reconstruction of Pendinas hillfort in its heyday, some 2,000 years ago. The hillfort is seen from the south, on an autumn day. (Reconstruction drawing by Wessex Archaeology, commissioned by the Pendinas Hillfort Community Project. Crown Copyright; freely available through the Open Government Licence)

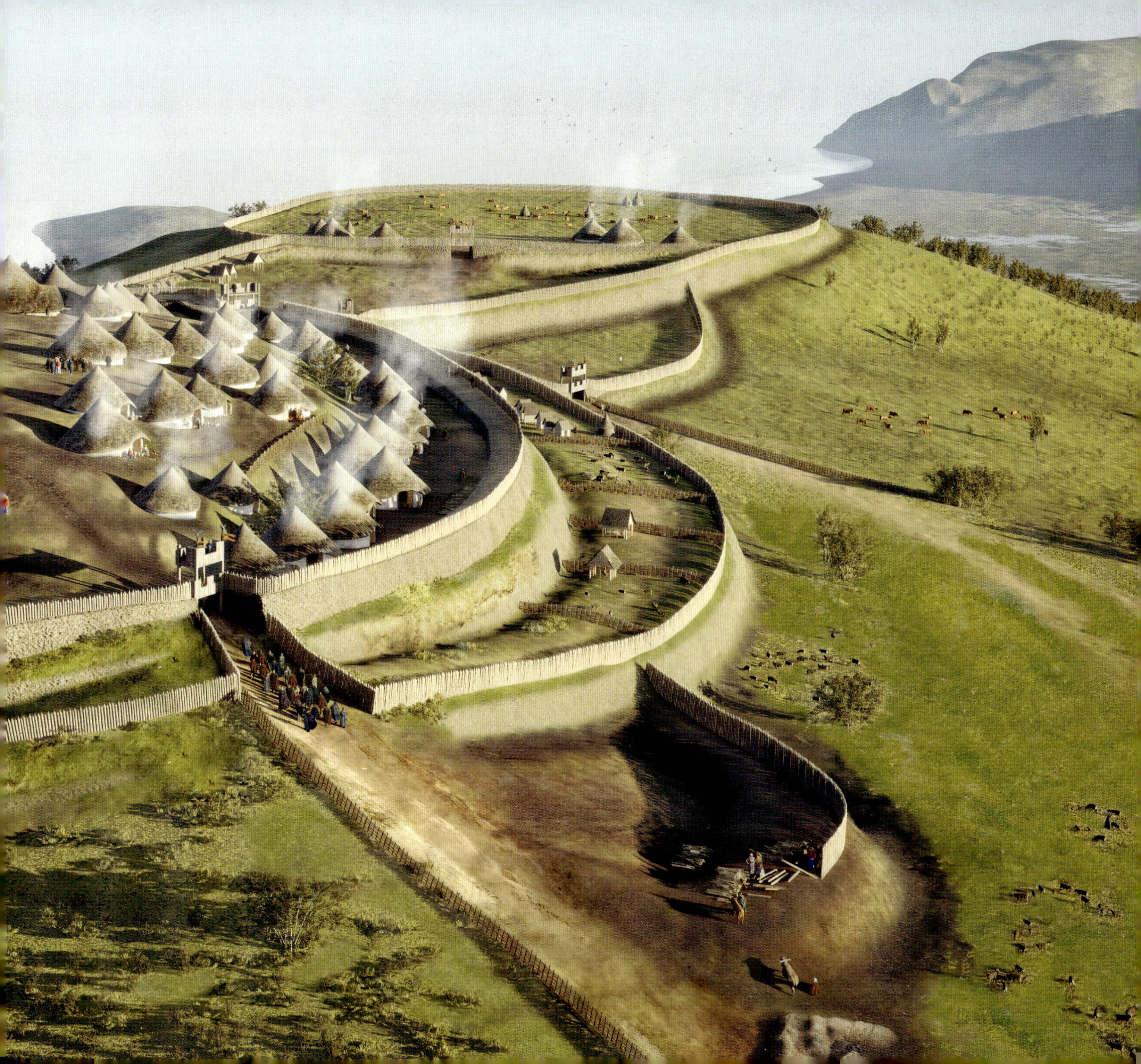

casglu gwymon a physgod cregyn o lan y môr, a masnachu ag ymwelwyr o dramor. Mae'r prinder caerau arfordirol eraill am sawl milltir yn awgrymu bod trigolion Pendinas wedi rheoli mynediad i'r blaendraeth efallai. At hynny, byddai mwynau metel a oedd wedi'u cloddio yn lleol yn cael eu toddi a'u trin y tu mewn i'r fryngaer, a byddai'r cynnyrch gwerthfawr a gâi ei greu yn cael ei fasnachu'n eang.

Mae arolygon geoffisegol wedi dangos bod tua 30–40 o dai crwn yn y gaer ddeheuol. Ar y llethrau dwyreiniol, cafodd tai eu hadeiladu ar lwyfannau siâp D a dorrwyd o'r graig ar y llethr serth, ac mae rhai ohonynt wedi cael eu cloddio. Yn ystod yr Oes Haearn, gallwn ddychmygu pentref prysur a phoblog o dai crwn a oedd wedi'u hadeiladu ochr yn ochr â'i gilydd ar y llethr, gyda ffyrdd graeanog a draeniau mwdlyd rhyngddynt.

suggests that the inhabitants of Pendinas may have controlled access to the foreshore. Locally mined metal ores were also smelted and worked inside the hillfort, with the resulting valuable products traded far and wide.

Geophysical surveys have shown that around 30–40 roundhouses lay in the south fort. On the eastern slopes, houses were built on D-shaped rock-cut terraces quarried into the steep hillside, some of which have been excavated. In Iron Age times we can imagine a busy, crowded village of roundhouses, built cheek-by-jowl on the hillside, separated by gravel roads and muddy drains.

Ail-greu golygfa Geltaidd yng Nghastell Henllys, gan ddangos arfau a dillad nodweddiadol o'r Oes Haearn. (© Castell Henllys)

Celtic re-enactment at Castell Henllys showing weapons and clothing typical of the Iron Age. (© Castell Henllys)

Ail-greu bywyd y tu mewn i dŷ crwn mawr ym mryngaer Dinas Dinlle yng Ngwynedd, ar sail gweithgareddau cloddio diweddar. Byddai'r tu mewn helaeth wedi bod yn gynnes ac yn gysurus hyd yn oed yn y gaeaf. (Hawlfraint y Goron: Prosiect CHERISH. Gwaith celf gan Wessex Archaeology. Cynhyrchwyd gyda chymorth cronfeydd yr UE trwy Raglen Gydweithredu Iwerddon Cymru 2014–2020. Mae'r holl ddeunydd ar gael am ddim drwy Drwydded Llywodraeth Agored)

Reconstruction of life inside a large roundhouse at Dinas Dinlle hillfort in Gwynedd, based on recent excavations. The spacious interior would have been warm and comfortable even in winter. (Crown Copyright: CHERISH Project. Artwork by Wessex Archaeology. Produced with EU funds through the Ireland–Wales Co-operation Programme 2014–2020. All material made freely available through the Open Government Licence)

Cloddio Pendinas

Cloddio yn y 1930au

Yn 1930 cafodd Daryll Forde ei benodi'n Athro Daearyddiaeth ac Anthropoleg Gregynog yn y brifysgol yn Aberystwyth, ac yntau ond yn 28 oed. Roedd newydd ddychwelyd o gymrodoriaeth ddwy flynedd ym Mhrifysgol California. Yn ddiweddarach, daeth yn anthropolegydd Prydeinig enwog ac yn gyfarwyddwr y Sefydliad Affricanaidd Rhyngwladol. Yn 1933, dechreuodd Forde ar y gweithgaredd cloddio archaeolegol cyntaf erioed ym Mhendinas ac roedd yn awyddus i gyflwyno dull newydd disgybledig o weithio. Mae llythyrau sydd wedi'u diogelu yng Nghasgliad Cloddio Pendinas yn archif y Comisiwn Brenhinol (Cofnod Henebion Cenedlaethol Cymru) yn cofnodi sawl caniatâd swyddogol, llythyrau codi arian, rhestrau o weithwyr, offer, derbynebau ar gyfer ffotograffwyr a chyfrifon blynyddol.

Parodd gweithgareddau cloddio Forde o 1933 tan 1937, ac roedd yn cyflogi labrwyr lleol yn ogystal â myfyrwyr o'i adran ei hun. Roedd yn gyfnod anodd. Erbyn haf 1933, roedd Prydain newydd ddechrau dod allan o'r Dirwasgiad Mawr ac roedd lefelau diweithdra'n uchel. Yn ôl rhestr o'r gweithwyr a oedd yn cymryd rhan yn y gweithgareddau cloddio, byddai un ohonynt, sef John T. Humphreys o Bontarfynach, wedi byw yn Aberystwyth pe bai Forde yn fodlon ei gyflogi, a oedd yn dangos bod pobl yn fodlon symud hyd yn oed i gael gwaith tymhorol.

Achosodd y cloddio dipyn o gynnwrf, gan ddenu ymwelwyr a thwristiaid. Datgelodd ffosydd dwfn ragfuriau pyrth o'r Oes Haearn, a oedd wedi'u claddu

Digging Pendinas

Digging in the 1930s

In 1930 Daryll Forde was appointed Gregynog Professor of Geography and Anthropology at the university in Aberystwyth when he was only 28 years old. He had just returned from a two-year fellowship at the University of California. He later became a famous British anthropologist and a director of the International African Institute. In 1933, Forde commenced the first ever archaeological excavation at Pendinas and he was keen to bring a disciplined new approach. Letters preserved in the Pendinas Excavation Collection in the Royal Commission's archive (the National Monuments Record of Wales) record official permissions, fundraising letters, lists of workmen and tools, receipts for photographers, and annual accounts.

Forde's excavations ran from 1933–37, employing local labourers as well as students from his own department. These were tough times. By summer 1933, Britain was only just emerging from the Great Depression and unemployment was high. A list of workmen taking part in the excavations notes that one, John T. Humphreys of Devils Bridge, would 'live in Aberystwyth if you employ him', showing that people would move even for seasonal work.

The excavations caused quite a stir, attracting visitors and tourists. Deep trenches uncovered buried rampart walls of the Iron Age gateways and showed the sophistication of this great fortress. Yet

dan y ddaear, a oedd yn dangos mor soffistigedig oedd y cadarnle gwych hwn. Eto i gyd, câi'r gwaith ei gofnodi'n wael yn aml gan nad oedd y labrwyr yn gyfarwydd â sylwi ar lawer o'r dystiolaeth fân sy'n goroesi ar fryngaerau cynhanesyddol. Roedd y cloddio hefyd yn digwydd rai blynyddoedd cyn bod technegau dyddio gwyddonol, megis dyddio radiocarbon, wedi'u darganfod.

the work was often poorly recorded, with labourers not used to spotting much of the fine evidence that survives on prehistoric hillforts. This was also some years before scientific techniques like radiocarbon dating had been discovered.

Tîm Daryll Forde yn cloddio toriad hir drwy'r amddiffynfeydd dwyreiniol yn 1933, gyda golygfa o Benparcau yn y pellter. (CBHC: o gasgliadau Cofnod Henebion Cenedlaethol Cymru)

Daryll Forde's team digging a long section through the eastern defences in 1933, with a view of Penparcau beyond. (RCAHMW: from the collections of the National Monuments Record of Wales)

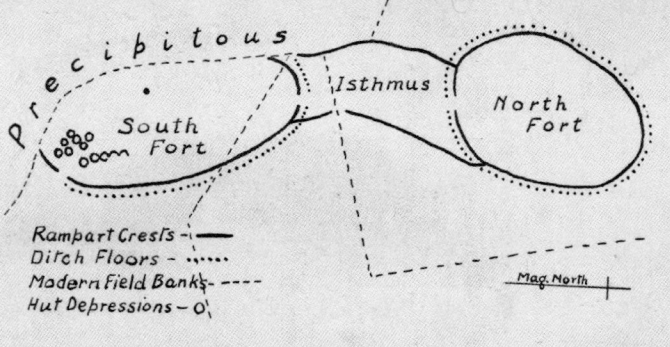

Tirwedd sy'n newid: awyrlun fertigol o Bendinas a Than-y-bwlch, a dynnwyd yn arbennig gan awyren fôr Sunderland o Sgwadron 210 a oedd â'i bencadlys yn Noc Penfro ar 26 Awst 1933. Mae'r llun yn dangos ffosydd Forde wrth borth y de ac ar derasau'r gaer ddeheuol. Isod: cynllun safle o'r 1930au (CBHC: o gasgliadau Cofnod Henebion Cenedlaethol Cymru)

A changing landscape: vertical aerial photograph of Pendinas and Tan-y-bwlch, specially taken by a Sunderland flying boat of the 210 Squadron based in Pembroke Dock on 26 August 1933. The image shows Forde's trenches at the south gate and on the terraces of the south fort. Below: a site plan from the 1930s (RCAHMW: from the collections of the National Monuments Record of Wales)

Dyddio'r hyn a gaiff ei gloddio: gwyddoniaeth newydd ar Bendinas

Yn y 1930au, nid oedd gan Forde unrhyw ffordd o ddyddio ei ddarganfyddiadau. Fel rheol, bydd archaeolegwyr yn dibynnu ar arteffactau—crochenwaith, broetshis, darnau o arian—i'w helpu i ddyddio safleoedd, ond anaml y caiff y pethau hynny eu darganfod wrth gloddio bryngaerau yn y gorllewin. Gwelodd Forde fod Pendinas wedi mynd drwy gyfnodau lawer o addasu ac ailadeiladu ond, oherwydd y diffyg arteffactau, yr unig beth y gallai ei ddweud oedd bod y rheini wedi digwydd yn ystod yr Oes Haearn, sef cyfnod o dros bum canrif.

Erbyn hyn mae archaeolegwyr yn defnyddio technegau gwyddonol, megis dyddio radiocarbon ac ymoleuedd a ysgogir yn optegol, i ddyddio eu darganfyddiadau. Gall mesur radiocarbon fod yn ffordd o ddyddio deunydd organig, megis pren ac asgwrn, a gall hyd yn oed ddyddio gronynnau neu hadau unigol. Ym Mhendinas, byddai darnau o bren a hadau wedi pydru ganrifoedd lawer yn ôl oni bai iddynt fod mewn tân a'u bod wedi troi'n siarcol. Y darnau hynny o ddeunydd wedi llosgi neu garboneiddio a gafodd eu dyddio ym Mhendinas.

Mae ymoleuedd a ysgogir yn optegol yn dyddio'r tro diwethaf y daeth gwaddodion i gysylltiad â goleuni. Mae archaeolegwyr yn dechrau defnyddio'r dechneg hon yn amlach; mae'n arbennig o ddefnyddiol ar safleoedd lle nad oes fawr ddim siarcol.

Nid yw dyddio radiocarbon ac ymoleuedd a ysgogir yn optegol yn darparu dyddiadau manwl. Er enghraifft, gall dyddio radiocarbon yng nghyswllt gronyn o wenith arwain at ystod o ddyddiadau rhwng 250 CC a 100 CC. Mae'n cymryd amser hir i gael y dyddiadau gwyddonol

Dating the dig: new science on Pendinas

In the 1930s Forde had no way of dating his discoveries. Normally archaeologists rely on artefacts—pottery, brooches, coins—to help them date sites, but these are rare finds on hillfort excavations in western Wales. Forde recognised that Pendinas underwent many periods of modification and rebuilding, but because of the lack of artefacts he was only able to say that these occurred in the Iron Age, a period of over five centuries.

Archaeologists now employ scientific techniques, such as radiocarbon dating and optically stimulated luminescence (OSL), to date their discoveries. Radiocarbon measurement can date organic material, such as wood and bone, and can even date individual grains or seeds. At Pendinas, pieces of wood and seeds rotted away many centuries ago unless they have been in a fire and turned into charcoal. It is these bits of burnt or carbonised material that were dated at Pendinas.

Optically stimulated luminescence dates the last time sediments were exposed to light. Archaeologists are beginning to use it more commonly; it is particularly useful on sites where there is little or no charcoal.

Radiocarbon dating and OSL do not provide precise dates. For instance, radiocarbon dating a grain of wheat may produce a date-range of between 250 BC and 100 BC. It takes a long time to obtain these scientific dates—and the very first from the hillfort are still awaited at the time of publication.

Rhaid i samplau ymoleuedd a ysgogir yn optegol gael eu cymryd mewn tywyllwch; fel arall caiff y 'cloc' ei ailosod. Ar y chwith: Yr Athro Helen Roberts a Hollie Wynne o Brifysgol Aberystwyth yn morthwylio tiwb samplu i'w le. Isod: Helen a Hollie yn cymryd samplau, gyda haen o blastig du'n eu cysgodi. (© Heneb: Ymddiriedolaeth Archaeolegol Cymru)

Optically stimulated luminescence samples have to be taken in the dark otherwise the 'clock' is reset. Left: Professor Helen Roberts and Hollie Wynne of Aberystwyth University hammering in a sample tube. Below: Helen and Hollie taking samples shielded by a sheet of black plastic. (© Heneb: the Trust for Welsh Archaeology)

hyn—a pharheir i ddisgwyl am y rhai cyntaf o fryngaer Pendinas adeg cyhoeddi'r llyfryn hwn.

Cafodd samplau o bridd—yn gyffredinol, tua bwcedaid o bridd o bob dyddodyn wedi'i gladdu dan y ddaear—eu cymryd yn ystod pob un o'r gweithgareddau cloddio er mwyn i ni gael gwybod am y cnydau, y planhigion a'r bwyd a gâi eu defnyddio yn ystod cyfnod y fryngaer. Cafodd pob bwcedaid o bridd ei arllwys i mewn i danc o ddŵr a'i ysgwyd, a chafodd y darnau o siarcol a ddaeth i'r wyneb ynghyd â deunyddiau organig eraill eu casglu mewn rhidyllau.

Yna, cafodd y rhain eu sychu a'u harchwilio dan ficrosgop a chafodd y pren a'r hadau wedi carboneiddio eu hadnabod. Nid oedd llawer iawn o ddeunydd wedi carboneiddio i'w gael yn samplau Pendinas, ond gwnaeth ddangos bod y trigolion yn tyfu amrywiaeth o ydau, a oedd yn cynnwys ceirch, haidd, gwenith, emer (math o wenith) a sbelt. Roedd coetir gerllaw hefyd; derw oedd y prif fath o bren yn y siarcol—o danau domestig, mae'n fwy na thebyg—ac roedd coed cyll, gwern, llwyfenni, coed ceirios, drain gwynion a drain duon yn cael eu llosgi yno hefyd.

Soil samples, generally about a bucketful from each buried deposit, were taken during all the excavations to tell us about the crops, plants and food used at the time of the hillfort. Buckets of soil were tipped into a tank of water and agitated, with the pieces of floating charcoal and other organic materials collected in sieves.

These were then dried and examined under a microscope and the carbonised wood and seeds identified. The Pendinas samples were not rich in carbonised material, but showed that the inhabitants were growing a variety of cereals, including oats, barley, wheat, emmer (a type of wheat) and spelt. Woodland was also close by; charcoal—probably from domestic fires—was dominated by oak, with hazel, alder, elm, cherry, hawthorn and blackthorn also being burnt.

Bywyd pentrefol ynghanol y tai crwn a oedd wedi'u gwasgu i mewn i Bendinas. Manylion o'r ailgread newydd gan Wessex Archaeology, a gomisiynwyd gan Brosiect Cymunedol Bryngaer Pendinas (y clawr a t.16). (Hawlfraint y Goron; ar gael am ddim drwy Drwydded Llywodraeth Agored)

Village life among the closely packed roundhouses at Pendinas. Detail from the new reconstruction by Wessex Archaeology commissioned by the Pendinas Hillfort Community project (cover & p.16). (Crown copyright; freely available through the Open Government Licence)

Ddoe a heddiw: cloddwyr mewn capiau fflat a bresys wrth borth y de yn y gaer ddeheuol, yn ystod haf 1933, yn edrych draw am Rydyfelin. (CBHC: o gasgliadau Cofnod Henebion Cenedlaethol Cymru)

Then and now: excavators with flat caps and braces at the south gate of the south fort, summer 1933, looking across to Rhydyfelin. (RCAHMW: from the collections of the National Monuments Record of Wales)

Y gweithgareddau cloddio newydd wrth borth y de yn y gaer ddeheuol, yn 2021; tynnwyd y llun o safle tebyg i'r un yn 1933. (© Heneb: Ymddiriedolaeth Archaeolegol Cymru)

The new excavations on the south gate of the south fort, 2021, taken from a similar position as the 1933 view. (© Heneb: the Trust for Welsh Archaeology)

Amddiffynfeydd y fryngaer

Ym mis Medi 2021, gwnaethom ailagor rhan o ffos gloddio Forde yn 1933 wrth borth y de yn y gaer ddeheuol. Un o'r amcanion oedd cael samplau i'w dyddio'n wyddonol er mwyn helpu i ddehongli darganfyddiadau Forde.

Cadarnhaodd Forde fod y fynedfa wedi'i hamddiffyn yn gadarn, a bod yna waliau cerrig enfawr a oedd yn wynebu pyst a chloddiau uchel a oedd yn cynnal gatiau sylweddol dan dŵr pren. Daeth yn amlwg yn fuan bod lluniau Forde wedi'u tynnu yn ôl pob tebyg ar ddiwrnod yng nghanol ei weithgaredd cloddio, a bod gwaith wedi parhau ond heb ei gofnodi. Cafodd rhan o wal a gafodd ei datgelu gyntaf gan Forde yn y 1930au ei datgelu eto yn 2021. Cawsom samplau o siarcol er mwyn dyddio radiocarbon ond gwnaethom sylweddoli mai ofer fyddai cloddio mwy, a gwnaethom ganolbwyntio felly ar ymchwilio i lwyfannau tai cyfagos.

Roedd gwaith cloddio Forde yn 1934 wrth borth y gogledd yn y gaer ddeheuol ac wrth borth y culdir yn waith helaeth, er ei fod yn cael ei gyflawni braidd ar hap. Cadarnhaodd Forde fod y mynedfeydd hyn i mewn i'r gaer wedi'u hamddiffyn yn dda a bod ganddyn nhw, fel porth y de, gloddiau uchel a gâi eu cynnal gan waliau cerrig a phyrth pren sylweddol. Nod ein gweithgareddau cloddio yn 2023 oedd ceisio cael samplau ar gyfer dyddio gwyddonol i'n helpu i ddeall yn well sut y gwnaeth yr ardal hon o'r fryngaer esblygu dros amser. Cafodd pedair ffos eu hagor, a llwyddwyd i gael samplau addas i'w dyddio o bob un ohonynt.

The hillfort defences

In September 2021, we reopened part of Forde's 1933 excavation trench at the south gate of the south fort. One of the objectives was to obtain samples for scientific dating to assist in interpretating Forde's discoveries.

Forde established that the entrance was strongly defended, with massive stone walls facing high banks and posts supporting substantial gates beneath a timber tower. It quickly became clear that Forde's photographs were probably taken on one day in the middle of his excavation and that work continued but was not recorded. A section of wall first exposed by Forde in the 1930s was uncovered again in 2021. We obtained charcoal samples for radiocarbon dating, but realised further excavation would be fruitless and so concentrated on investigating nearby house platforms.

Forde's 1934 excavation at the north gate of the south fort and on the isthmus gate were extensive, if rather haphazard. He established that these entrances into the fort were well defended, and like the south gate had high banks supported by stone walls and substantial timber gateways. Our excavations in 2023 were targeted to obtain samples for scientific dating to help us better understand how this area of the hillfort evolved over time. Four trenches were opened, all of which produced samples suitable for dating.

Mae modd i'r waliau cerrig gwreiddiol a gloddiwyd wrth borth y de yn 2021 gan Ymddiriedolaeth Archaeolegol Dyfed gael eu paru â hen luniau sy'n dangos yr un waliau a ddatgelwyd yn 1933 (© Heneb: Ymddiriedolaeth Archaeolegol Cymru).

Original stone walling excavated at the South Gate in 2021 by Dyfed Archaeological Trust can be matched to old photographs showing the same walling exposed in 1933 (© Heneb: the Trust for Welsh Archaeology).

Dau fachgen bach yn sefyll mewn tyllau a fyddai wedi dal pyst pren enfawr a oedd yn cynnal gatiau. Mae'n ymddangos bod y pyst wedi'u hymgorffori yn y waliau cerrig. Mae het Forde wedi'i thaflu i mewn i'r ardal gloddio. Sylwch ar y pyst pren sy'n cynnal y waliau dros y tyllau a'r meini mawr sy'n hongian uwchben un o'r bechgyn. (CBHC: o gasgliadau Cofnod Henebion Cenedlaethol Cymru)

Two small boys stand in pits that would have held massive timber gateposts. The posts seem to have been built into the stone walls. Forde's hat has been thrown into the excavation. Note the timber posts supporting the walls over the pits and the boulders perched precariously above one of the boys. (RCAHMW: from the collections of the National Monuments Record of Wales)

Gweithgareddau cloddio wrth borth y gogledd yn y gaer ddeheuol ac wrth borth y culdir ar eu hanterth yn 1934, gyda phartïon o ymwelwyr. Cafodd rhai o'r ffosydd hyn yn y 1930au eu hailagor er mwyn astudio'r safle o'r newydd yn 2023. (CBHC: o gasgliadau Cofnod Henebion Cenedlaethol Cymru)

Excavations on the north gate to the south fort, and the isthmus gate, in full swing in 1934 with parties of visitors. Some of these 1930s trenches were reopened for fresh study in 2023. (RCAHMW: from the collections of the National Monuments Record of Wales)

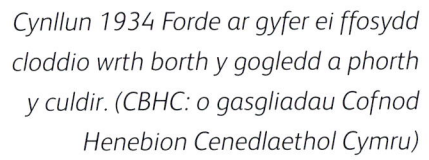

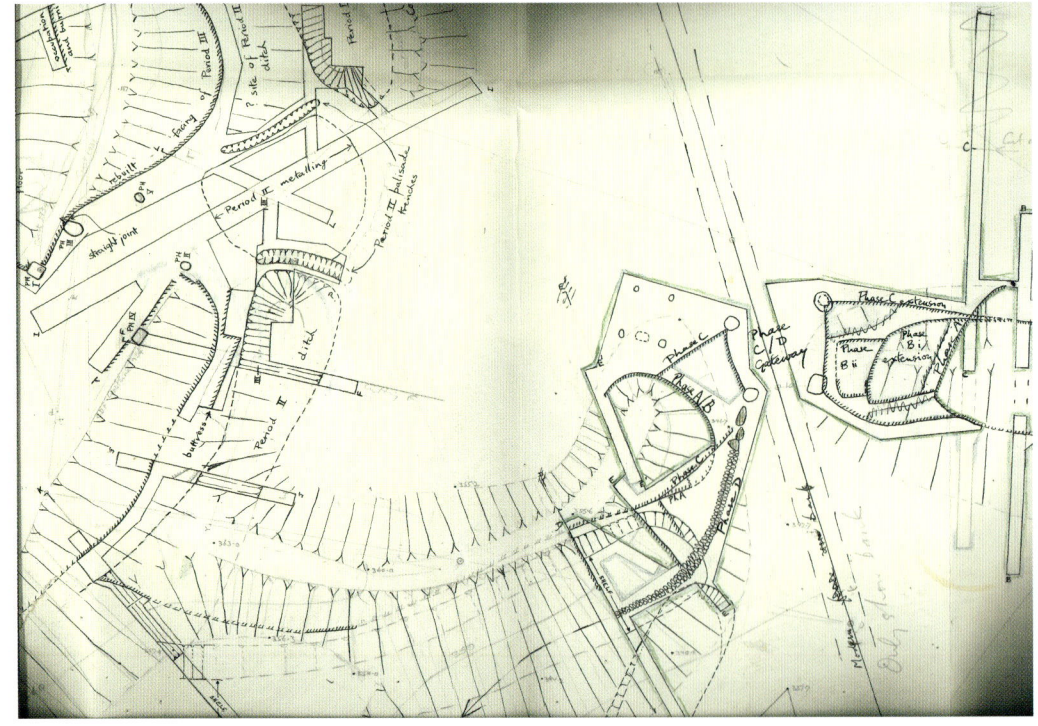

Cynllun 1934 Forde ar gyfer ei ffosydd cloddio wrth borth y gogledd a phorth y culdir. (CBHC: o gasgliadau Cofnod Henebion Cenedlaethol Cymru)

Forde's 1934 plan of his excavation trenches at the north gate and the isthmus gate. (RCAHMW: from the collections of the National Monuments Record of Wales)

Cloddiodd Forde ffos gam ddofn a ddatgelodd wal gynnal ar gyfer y clawdd a oedd wrth ymyl y fynedfa ogleddol. Gwnaethom ailagor ac ehangu'r ffos. Nodwch y cymysgedd o gerrig wedi'u chwarelu a meini mawr o'r traeth sydd i'w gweld yn y wal. (Hawlfraint y Goron: CBHC; y llun gan Toby Driver)

Forde excavated a deep curving trench exposing a revetment wall to the bank flanking the north entrance. We reopened this and expanded it. Note the mixture of quarried stones and beach boulders in the wall. (Crown Copyright: RCAHMW; photo by Toby Driver)

Safleoedd y tai

Wrth ymweld â Phendinas heddiw, gallwch weld terasau neu lwyfannau niferus a dorrwyd i mewn i'r llethr esmwyth sydd y tu mewn i'r gaer. Safleoedd tai crwn yw'r rhain. Bu Forde yn ymchwilio i rai ohonynt, ac yn 2021 a 2023 gwnaethom gloddio dau safle arall—teras uwch a theras is ar gyfer tai—ychydig y tu mewn i borth y de yn y gaer ddeheuol.

Roeddent yn debyg i'w gilydd, ac wedi'u torri dros fetr i lawr i mewn i'r creigwely caled er mwyn creu llwyfan gwastad. Mae'n ymddangos eu bod yn is-gylchog yn wreiddiol, tua 10–12 metr ar draws, ond bod maint y ddau wedi'i leihau pan gafodd y llethr ar eu hochr ddwyreiniol ei wneud yn fwy serth—a oedd yn rhan o waith i ailfodelu amddiffynfeydd y gaer, yn ôl pob tebyg.

Fel rheol, pan fyddwn yn cloddio tŷ crwn, bydd y sylfeini'n cynnwys cylch o dyllau pyst, sy'n nodi'r wal, ac weithiau cylch mewnol o byst mawr a fyddai'n cynnal y to. Yn aml hefyd, ceir aelwyd yn y canol. Nid felly'r oedd hi ym Mhendinas: roedd yna rai tyllau pyst wedi'u torri i mewn i'r graig, gan gynnwys rhai dwfn y bwriedid iddynt ddal prennau sylweddol, ond nid oedd y rhain yn ffurfio unrhyw batrwm cydlynol ac nid oedd aelwyd yn y canol. Mae'n fwy na thebyg y byddai to gwellt ar ffurf côn wedi gorffwys ar greigwely ar y llethr uwchlaw'r llwyfan, ac ar wal dyweirch ar y llethr islaw. Mae'n amlwg bod yr adeiladwyr wedi rhagweld y byddai dŵr a fyddai'n llifo i lawr y llethr ac i mewn i'r tai yn broblem, oherwydd roedd draeniau a dorrwyd i mewn i'r graig yn un o nodweddion y ddau lwyfan.

The house sites

When visiting Pendinas today you can see numerous terraces or platforms cut into the gently sloping hillside inside the fort. These are the sites of roundhouses. A couple of these were investigated by Forde, and in 2021 and 2023 we excavated two more—an upper and lower house terrace—just inside the south gate of the south fort.

They were similar, cut over one metre down into the hard bedrock to form a level platform. Originally it would seem that they were sub-circular, about 10–12 meters in diameter, but both had been cut away when hillslope on their east side had been steepened, probably as part of remodelling the defences of the fort.

Usually, when we excavate a roundhouse, the footings consist of a circle of postholes marking the wall and sometimes an inner ring of roof-supporting large posts. There is also often a central hearth. This was not the case at Pendinas: there were some rock-cut postholes, including deep ones designed to hold substantial timbers, but these formed no coherent pattern and there was no central hearth. It is likely that a conical thatched roof would have rested on bedrock on the upslope side of the platform and on a turf wall on the downslope side. Clearly the builders anticipated problems with water running down the slope and into the houses as rock-cut drains were a feature of both platforms.

Camau cynnar y gwaith o gloddio'r llwyfan uwch ar gyfer tai crwn, ym mis Medi 2023. (© Heneb: Ymddiriedolaeth Archaeolegol Cymru)

Early stages of the excavation of the upper roundhouse platform in September 2023. (© Heneb: the Trust for Welsh Archaeology)

Cloddwyr hapus yn yr haul, yn gweithio ar y llwyfan ar gyfer tai crwn, ym mis Medi 2023. (© Heneb: Ymddiriedolaeth Archaeolegol Cymru)

Happy diggers in the sun, working on the roundhouse platform, September 2023. (© Heneb: the Trust for Welsh Archaeology)

Staff a gwirfoddolwyr yn dathlu diwedd y cloddio ar safle'r tai. (© Heneb: Ymddiriedolaeth Archaeolegol Cymru)

Staff and volunteers celebrating the end of the dig on the house site. (© Heneb: the Trust for Welsh Archaeology)

Wedi'u hadeiladu i bara: un o sawl twll postyn a dorrwyd allan o'r creigwely caled i ddal pyst saernïol y tu mewn i'r tai crwn. Graddfa: 50cm. (© Heneb: Ymddiriedolaeth Archaeolegol Cymru)

Built to last: one of several postholes cut out of the hard bedrock to support structural posts inside the roundhouses. Scale: 50 centimetres. (© Heneb: the Trust for Welsh Archaeology)

Darganfyddiadau'n ymwneud â bywyd pob dydd
Prin iawn yw'r arteffactau a gaiff eu darganfod wrth gloddio safleoedd cynhanesyddol yng ngorllewin Cymru; ac maent yn arbennig o brin ar fryngaerau o'r Oes Haearn. Nid oedd Pendinas yn eithriad. Mae rhai o'r rhesymau am hynny'n hysbys, ond nid pob un. Er enghraifft, nid yw esgyrn anifeiliaid yn goroesi ym mhriddoedd asidig yr ardal, ond am ryw reswm anesboniadwy nid oedd pobl yr Oes Haearn yng ngorllewin Cymru yn defnyddio crochenwaith, sef y darganfyddiadau archaeolegol mwyaf cyffredin i gyd. Caiff meini melin law, a elwir yn feini breuan, eu darganfod yn aml wrth gloddio bryngaerau, ond ni ddaethpwyd o hyd i rai ym Mhendinas er ein bod yn gwybod, o ddadansoddi'r hadau wedi carboneiddio, bod pobl yn bwyta grawnfwydydd.

Caiff arteffactau o gyfnod y Rhufeiniaid eu darganfod yn aml wrth gloddio bryngaerau, sy'n dangos bod pobl wedi parhau i fyw ar y safleoedd hyn ar ôl yr Oes Haearn; ni chafodd unrhyw arteffactau o'r fath eu darganfod wrth gloddio ym Mhendinas. Er gwaetha'r enw 'Oes Haearn', mae eitemau o haearn yn brin; roedd haearn yn adnodd gwerthfawr, a byddai offer neu arfau a oedd wedi torri'n cael eu hail-greu a'u haddasu i bwrpas arall. Mae slag o'r gweithgareddau cloddio'n dangos bod gwaith trin metel yn digwydd yn y gaer.

Mae'r ychydig ddarganfyddiadau o'r safle yn taflu goleuni gwerthfawr ar fywyd pob dydd yn y gaer. Rhaid bod colli glain gwydr a ddarganfuwyd wrth gloddio yn y 1930au a glain ambr a ddarganfuwyd yn 2021 wedi achosi llawer o ofid, oherwydd byddai'r rhain wedi bod yn eitemau gwerthfawr, prin. Mae gleiniau gwydr wedi'u darganfod mewn caerau eraill, ond nid yw ambr yn gyffredin a chafodd y glain ei brynu'n ôl

Finds from daily life
Very few artefacts are found on excavations of prehistoric sites in west Wales; they are particularly rare on Iron Age hillforts. Pendinas was no exception. Some of the reasons for this are known, others not. For instance, animal bone does not survive in the acid soils of the region, but pottery, the most common of all archaeological finds, for some inexplicable reason was not used by the Iron Age people of west Wales. Hand millstones, called quern stones, are often found on hillfort excavations, but none were found at Pendinas, even though we know from analysis of the carbonised seeds that people were consuming cereals.

Roman period artefacts are frequently found on hillfort excavations, showing that people continued to live at these sites after the Iron Age; no such artefacts were found during the excavations at Pendinas. Despite the name 'Iron Age' iron objects are rare; iron was a valuable commodity and a broken tool or weapon would have been reforged and repurposed. Slag from the excavations shows that metalworking was taking place in the fort.

The few finds from the site give us a valuable insight into daily life in the fort. The loss of a glass bead, found in the 1930s excavations, and an amber bead, found in 2021, must have caused great anguish, as these would have been rare, valuable objects. Glass beads are known from other forts, but amber is not common and the bead was probably traded from a source on the east coast of England or further afield. Four spindle whorls were also discovered. These are

pob tebyg o ffynhonnell ar arfordir dwyrain Lloegr neu ymhellach i ffwrdd na hynny. Cafodd pedair troellen gwerthyd eu darganfod hefyd. Disgiau bach tyllog o garreg yw'r rhain, a ddefnyddir wrth nyddu gwlân, ac maent yn profi nid yn unig bod brethyn yn cael ei greu ar y safle ond hefyd bod defaid yn cael eu bugeilio. Yn aml bydd archaeolegwyr yn anghofio bod plant yn byw mewn caerau, oherwydd ei bod yn anodd dod o hyd i dystiolaeth archaeolegol sy'n cadarnhau eu presenoldeb. Ym Mhendinas, fodd bynnag, gallai sawl celc o gerrig gwyn a oedd yn grwn ac yn fach fod wedi bod yn bethau y byddai plant wedi chwarae â nhw.

Cerrig tafl oedd yr arteffact mwyaf cyffredin o bell ffordd a ddarganfuwyd wrth gloddio, a chaiff y rhain eu disgrifio isod.

small, perforated stone disks, used in the spinning of wool, attesting not only to cloth making but also to the shepherding of sheep. Archaeologists often overlook the fact that children lived in forts, as archaeological evidence for their presence is difficult to detect. However, at Pendinas several caches of small, rounded quartz pebbles may have been children's playthings.

Slingshots were by far the most common artefact found on the excavations, and these are described below.

Dyma'r unig ddarn o grochenwaith cynhanesyddol o Bendinas. Cafodd ei greu yn ardal Malvern yn Swydd Gaerwrangon ac mae'n dyddio o'r ganrif 1^{af} CC/y ganrif 1^{af} OC. Gallai awgrymu bod fferm Frythonaidd-Rufeinig gynnar yn agos i'r fryngaer. Mae'r pot wedi'i adfer ac mae copi ohono i'w weld yn Amgueddfa Ceredigion. (© Amgueddfa Cymru–Museum Wales)

This is the only prehistoric pottery from Pendinas. It was made in the Malvern region of Worcestershire and dates from the 1st century BC/1st century AD. It may indicate the presence of an early Romano-British farm close to the hillfort. The pot has been restored and a copy is on display in Amgueddfa Ceredigion Museum. (© Amgueddfa Cymru–Museum Wales)

Darganfyddiadau o'r gwaith cloddio yn 2021. Ar y chwith: *troellen gwerthyd.* Yn y canol: *troellen gwerthyd efallai.* Ar y dde: *glain ambr.* (© Heneb: Ymddiriedolaeth Archaeolegol Cymru)

Finds from the 2021 excavation. Left: *spindle whorl.* Centre: *possible spindle whorl.* Right: *amber bead.* (© Heneb: the Trust for Welsh Archaeology)

Glain gwydr melyn a gwyn a ddarganfuwyd wrth gloddio yn y 1930au. (Hawlfraint y Goron: CBHC)

Yellow and white glass bead, discovered in the 1930s excavations. (Crown Copyright: RCAHMW)

Cafodd darn o arian o ddiwedd cyfnod y Rhufeiniaid— darn o arian yr Ymerawdwr Maximian—ei ddarganfod mewn twmpath gwadd y tu mewn i'r gaer yn y 1930au. Cafodd ei fathu yn Llundain yn y flwyddyn 307 OC. Er i bobl ailddechrau byw mewn llawer o fryngaerau yn ystod cyfnod y Rhufeiniaid, mae diffyg crochenwaith domestig o Bendinas yn awgrymu bod pobl i bob pwrpas wedi gadael y fryngaer ar ôl y goncwest. (© Amgueddfa Cymru–Museum Wales)

A late-Roman coin of the Emperor Maximian was found in a molehill inside the fort in the 1930s. It was minted in London in AD 307. While many hillforts were reoccupied during Roman times, a lack of domestic pottery from Pendinas suggests it was largely abandoned after the conquest. (© Amgueddfa Cymru–Museum Wales)

Arfau pob dydd o Bendinas

Roedd ymosodiadau cystadleuol, ymdrechion i ddangos gallu i ymladd yn fedrus, a gelyniaeth ac ymladd rhwng bryngaerau cyfagos yn gyffredin iawn yng nghymdeithas y Celtiaid. Arf mwyaf cyffredin y werin bobl oedd y garreg dafl. Mae cannoedd o'r cerrig crwn bach hyn wedi'u darganfod ar hyd y blynyddoedd wrth gloddio ym Mhendinas. Roedd modd casglu basgeidiau o gerrig tafl o draethau ac afonydd lleol i'w storio ar y rhagfur ar gyfer cyfnodau o wrthdaro.

Gallai carreg dafl ladd rhywun wrth ymladd; o'i lansio o sling ledr neu sling wedi'i gwau, gallai'r garreg dorri asgwrn pen person o 60 metr i ffwrdd, ymhell y tu hwnt i ffin allanol rhagfuriau'r fryngaer. Mae'r hanesydd Tacitus yn disgrifio sut y cafodd milwyr Rhufeinig wedi'u harfogi'n dda eu hanafu gan gawod o gerrig tafl a luchiwyd gan lwythi'r Oes Haearn yn

Everyday weapons from Pendinas

Celtic society was rife with competitive raiding, displays of fighting prowess, feuding and combat between neighbouring hillforts. The common weapon of the masses was the slingshot. Hundreds of these small pebbles have been found over the years during excavations at Pendinas. Slingshot could be gathered by the basket load from local beaches and rivers, to be stored on the rampart for times of conflict.

In combat, slingshot could be lethal; launched from a woven or leather sling the stone could fracture a human skull at 60 metres, well beyond the perimeter of the hillfort's ramparts. The historian Tacitus describes heavily armed Roman soldiers being wounded by a hail of slingshot from Iron Age tribes during the battle with Caratacus in central Wales in AD 51.

ystod y frwydr yn erbyn Caradog (Caratacus) yng nghanolbarth Cymru yn y flwyddyn 51 OC.

Rydym yn gwybod y gallai pennaeth neu ryfelwr o'r Oes Haearn—boed yn fenyw neu'n ddyn—fod yn gwisgo dillad trawiadol a bod wedi'u harfogi yn dda. Datgelodd y gladdedigaeth cerbyd rhyfel hynod yn Sir Benfro, a ddarganfuwyd yn 2018, unigolyn uchel ei statws a gladdwyd ychydig cyn y goncwest Rufeinig. Cafodd y corff ei gladdu gyda chleddyf haearn â charn corn, a thameidiau o ddwy neu dair gwaywffon. Fodd bynnag, mae'n ymddangos bod yr arfau drud hyn wedi bod yn brin iawn ymhlith cymunedau bryngaerau canolbarth Cymru.

We know that an Iron Age chief or warrior—female or male—could have been well armed and impressively dressed. The remarkable Pembrokeshire chariot burial, discovered in 2018, revealed an individual of high status buried just before the Roman conquest. The body was interred with an iron sword with a horn handle, and fragments of two or three spears. However, these expensive weapons seem to have been very rare among the hillfort communities of mid-Wales.

Amddiffyn Pendinas â charreg dafl yn yr Oes Haearn. Gallai carreg gron o draeth neu afon, wedi'i lluchio o sling, ladd ymosodwr o 60 metr i ffwrdd. (Darlun ail-greu © Toby Driver)

Defending Pendinas with a slingshot in the Iron Age. A beach or river pebble fired from a sling could kill an attacker at 60 metres. (Reconstruction drawing © Toby Driver)

Ychydig o'r cannoedd lawer o gerrig tafl a gloddiwyd ym mryngaer Pendinas. (Hawlfraint y Goron: CBHC; y llun gan Louise Barker)

Just some of the many hundreds of slingshot excavated at Pendinas hillfort. (Crown Copyright: RCAHMW; photo by Louise Barker)

Byddin o Wirfoddolwyr

Beca Davies

Gwirfoddolwyr oedd asgwrn cefn Prosiect Pendinas. Heb yr unigolion ymroddgar a brwdfrydig hyn sydd wedi bod gyda ni'n wynebu tywydd heriol Cymru ar y llethr, ni fyddem wedi cael dim o'r wybodaeth newydd sydd gennym yn awr. Yn ystod y tair blynedd diwethaf, rydym wedi cynnal tri gweithgaredd cloddio archaeolegol ar Bendinas yn ogystal â llond dwrn o arolygon geoffisegol a diwrnodau clirio llystyfiant, ac wedi gweithio gyda thros 180 o wirfoddolwyr rhwng naw a thros 80 oed! Ac er gwaetha'r tywydd—a'r ddringfa serth bob bore—roedd llawer o'r unigolion hyn yn dal i ddychwelyd dro ar ôl tro.

Yn ystod y diwrnodau hir y gwnaethom eu treulio ar Bendinas gyda'n gwirfoddolwyr, buom yn chwerthin ac yn tynnu coes a gwnaethom ffrindiau newydd. Gwnaethom hefyd greu man diogel lle gallai pobl o bob oed a chefndir, a oedd yn wynebu amryw heriau, dreulio amser gyda phobl eraill o'r un anian â nhw a meithrin cyfeillgarwch a fydd yn para. Mae hynny'n rhywbeth yr ydym yn falch iawn ohono.

Rhan bwysig arall o Brosiect Pendinas oedd gwarchod a diogelu ecoleg arbennig y fryngaer hynafol hon a'r Warchodfa Natur Leol. Ar y dechrau, roedd Pendinas yn gudd dan orchudd dyrys a niweidiol o redyn ac eithin a oedd yn bygwth archaeoleg ac ecoleg werthfawr y safle. Dechreuodd y gwaith wrth i ni gael help gan grŵp lleol, sef Grŵp Gwirfoddolwyr Cadwraeth Aberystwyth ym Mhrifysgol Aberystwyth, a gliriodd ddigon o

A Volunteer Army

Beca Davies

Volunteers have been the backbone of the Pendinas Project. Without these dedicated and enthusiastic individuals who braved the challenging Welsh weather with us on the hillside, we would not have gained any of the new knowledge we now have. Over the course of the last three years, we have had three archaeological excavations on Pendinas as well as a handful of geophysical surveys and vegetation clearance days, working with over 180 volunteers ranging from nine to over 80 years old! And despite the weather—and the very steep climb every morning—many of these individuals kept coming back for more.

During the long days spent on Pendinas with our volunteers, we laughed, joked and made new friends. We've also created a safe space for people of all ages and backgrounds who faced different challenges to spend time with like-minded people and make lasting friendships. This is something we are very proud of.

Another major part of the Pendinas Project was to conserve and protect the special ecology of this ancient hillfort and Local Nature Reserve. At the start, Pendinas was hidden under an impenetrable and damaging blanket of bracken and gorse which threatened its precious archaeology and ecology. Work began with help from the local Aberystwyth Conservation Volunteers (ACV) at Aberystwyth University, who cleared over 30 huge

eithin i lenwi dros 30 o fagiau tunnell. Aeth cwmni o gontractwyr a Chyngor Sir Ceredigion ati, gan ddilyn cyngor arbenigol ecolegwyr, i glirio rhagor o ardaloedd o eithin er mwyn mynd i'r afael ag ardaloedd mwy serth o lystyfiant mwy trwchus. Cafodd y gwaith ei gyflawni'n gynt gyda chymorth robot y Cyngor ar gyfer torri llystyfiant, a reolir o bell.

Yn ogystal â datgelu rhagor o ffosydd a chloddiau archaeolegol gwych y safle, mae'r gwaith hwn hefyd wedi gwella cyflwr y llystyfiant a'r glaswelltir asidaidd arfordirol prin sydd ar ben y bryn. Mae rhywogaethau megis clychau'r gog eisoes yn dechrau ffynnu! Os gwnaethoch roi o'ch amser yn wirfoddol i Brosiect Pendinas, hoffem ddiolch o waelod calon i bob un ohonoch. Ni allem fod wedi cyflawni'r prosiect heb eich help chi.

dumpy-bags full of gorse. To tackle steeper areas of thicker vegetation, and with expert advice from ecologists, a firm of contractors and Ceredigion County Council cleared further gorse areas. The cutting was speeded up by the Council's remotely-operated 'roboflail' mower.

This work has not only revealed more of the site's magnificent archaeological banks and ditches but has also improved the condition of the vegetation and rare coastal acid grassland on the summit. Species such as bluebells are already beginning to flourish! If you volunteered your time to the Pendinas Project, we would like to say a whole-hearted 'thank you' to each and every one of you. We could not have done it without you.

Ddoe a heddiw. Daryll Forde (gyda'i het) yn sefyll gyda gweithwyr wrth borth y culdir yn 1934, a gwirfoddolwyr Prosiect Pendinas yn sefyll yn yr un man ym mis Ebrill 2023. (CBHC: o gasgliadau Cofnod Henebion Cenedlaethol Cymru)

Then and now. Daryll Forde (with his hat) posing with workmen at the isthmus gateway in 1934, and Pendinas Project volunteers standing in the same location, April 2023. (RCAHMW: from the collections of the National Monuments Record of Wales)

Cloddio ym mhob tywydd: enfys dros y man lle'r oedd safleoedd y tai'n cael eu cloddio, 2023. (© Heneb: Ymddiriedolaeth Archaeolegol Cymru)

Digging in all weathers: rainbow over the house site excavation, 2023. (© Heneb: the Trust for Welsh Archaeology)

Robot Cyngor Sir Ceredigion ar gyfer torri llystyfiant yn torri rhedyn ar y fryngaer ym mis Mawrth 2024. (Hawlfraint y Goron: CBHC; y llun gan Toby Driver)

Ceredigion County Council's 'roboflail' machine cutting bracken on the hillfort, March 2024. (Crown Copyright: RCAHMW; photo by Toby Driver)

Jessica Domiczew o Heneb: Ymddiriedolaeth Archaeolegol Cymru yn gweithio gyda gwirfoddolwyr ar arolwg geoffisegol o'r crug o'r Oes Efydd, 2024. (Hawlfraint y Goron: CBHC; y llun gan Beca Davies)

Jessica Domiczew from Heneb: the Trust for Welsh Archaeology working with volunteers on a geophysical survey of the Bronze Age barrow, 2024. (Crown Copyright: RCAHMW; photo by Beca Davies)

Gwaith celf newydd o weithdy printiau leino, a drefnwyd yn rhan o'r prosiect. (Hawlfraint y Goron: CBHC; y llun gan Beca Davies)

New artwork from a linocut workshop, organised as part of the project. (Crown Copyright: RCAHMW; photo by Beca Davies)

Ar ôl y Fryngaer

Yn dilyn y goncwest Rufeinig yng Nghymru yn ystod y ganrif gyntaf OC, mae'n ymddangos bod pobl i bob pwrpas wedi gadael y fryngaer. Wrth i'r canrifoedd fynd heibio, diflannodd adeiladwyr y cadarnle gwych hwn i fyd chwedloniaeth. Erbyn yr Oesoedd Canol, câi Pendinas ei ddisgrifio fel cartref Maelor Gawr. Enw'r fryngaer erbyn hynny oedd 'Castell Maelor' ac enw'r banc uchel lle safai oedd 'Y Dinas'. Roedd yn amlwg bod pobl yr Oesoedd Canol wrthi'n meddwl pwy allai fod wedi ailffurfio bryn arfordirol cyfan neu bwy allai fod wedi torri terasau enfawr o'r creigwely; rhaid mai gwaith cewri oedd hynny!

After the hillfort

Following the Roman conquest of Wales in the first century AD, it appears that the hillfort was largely abandoned. As the centuries passed, the builders of this mighty fortress passed into the realms of myth. By the Middle Ages Pendinas was described as the abode of Maelor the giant, with the hillfort named 'Castell Maelor' and commanding a high bank named 'Y Dinas'. Clearly, medieval folk wondered about who could have re-shaped an entire coastal hill, or cut huge terraces from the bedrock; surely this must have been the work of giants?

Hen elynion yn cwrdd unwaith eto: pobl sy'n ail-greu hanes, wedi'u gwisgo fel rhyfelwyr Celtaidd a llengfilwr Rhufeinig wedi'i arfogi'n dda, yn diddanu'r torfeydd yng Ngŵyl Archaeoleg Pendinas yn Hwb Cymunedol Penparcau ym mis Medi 2023. (Hawlfraint y Goron: CBHC; y llun gan Akron Productions)

Old enemies reunited: re-enactors dressed as Celtic warriors and a heavily armed Roman legionary entertain the crowds at the Pendinas Archaeology Festival in Penparcau Community Hub, September 2023. (Crown Copyright: RCAHMW; photo by Akron Productions)

Mapio Pendinas

Jon Dollery

Mae bryngaer Pendinas wedi bod yn dirnod allweddol ers amser maith, ac mae wedi ymddangos ar fapiau print ac ar fapiau llawysgrifol.

Mae'r darlun cyntaf o Bendinas i'w weld ar y siartiau mordwyo a arolygwyd gan Lewis Morris ac a gyhoeddwyd yn 1748 dan y teitl *Plans of Harbours, Bars, Bays and Roads in St. George's Channel* (Llundain 1748, plât 17: 'Aberystwyth Bar and Harbour in Cardiganshire').

Mae'r darlun arwyddocaol nesaf o Bendinas i'w weld dros 70 o flynyddoedd yn ddiweddarach ar fap 1819 o ystâd Nanteos a oedd yn berchen ar lawer o'r tir ym Mhenparcau a'r cyffiniau (LlGC, Cyfrol Fapiau 45, map 38). Mae'r map yn dangos nodwedd siâp cylch, sef y crug crwn o'r Oes Efydd sydd ar ben y bryn, yn ôl pob tebyg. Mae mapiau diweddarach o'r 19[eg] ganrif hefyd yn darlunio'r fryngaer. Mae'n destun rhwystredigaeth bod copi'r Llyfrgell Genedlaethol o fap y degwm 1845 ar gyfer plwyf Llanbadarn Fawr wedi dioddef difrod, ac nad yw'r rhan o'r map sy'n cynnwys llawer o ardal Penparcau yn bodoli mwyach. Er hynny, caiff y gaer ogleddol ei darlunio, a 'Dinas Hill' yw'r enw sydd wrth ei hymyl. Argraffiad cyntaf Map Cyfres Sirol yr Arolwg Ordnans (graddfa 1:2500) a arolygwyd yn 1887 yw'r darlun hanesyddol mwyaf cywir o'r safle cyn i unrhyw arolygon modern gael eu cynnal, ac mae'n dangos cloddwaith a rhagfuriau'r gaer yn glir.

Mapping Pendinas

Jon Dollery

The hillfort of Pendinas has long been a key landmark and has appeared on both printed and manuscript maps.

The earliest depiction of Pendinas can be found on the maritime navigation charts surveyed by Lewis Morris and published in 1748 as *Plans of Harbours, Bars, Bays and Roads in St. George's Channel* (London 1748, plate 17: 'Aberystwyth Bar and Harbour in Cardiganshire').

The next significant representation of Pendinas is found over 70 years later on an 1819 map from the Nanteos estate which owned much of the land in and around Penparcau (NLW, Map Volume 45, map 38). The map depicts a circular feature, likely to be the Bronze Age round barrow on the summit. Later nineteenth-century maps also depict the hillfort. Frustratingly, the National Library of Wales's copy of the 1845 tithe map for the parish of Llanbadarn Fawr has suffered damage and much of the area covering Penparcau no longer survives. However, the north fort is depicted and labelled as 'Dinas Hill'. The first edition County Series Ordnance Survey map (at 1:2500 scale) surveyed in 1887 is the most accurate historic depiction of the site before modern surveys, and clearly shows the earthworks and ramparts of the fort.

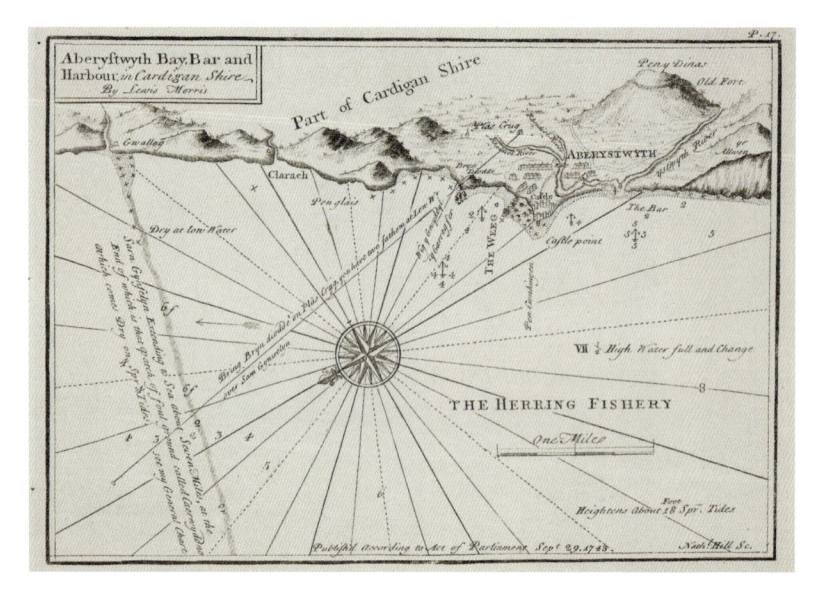

Cynllun Lewis Morris o arfordir Aberystwyth, sy'n dyddio o 1748. Caiff 'Pen y Dinas' ei ddangos yn glir ar y siart fel 'Old Fort', a nodir ei fod yn dirnod allweddol ar gyfer mordwyo. (© Llyfrgell Genedlaethol Cymru)

Lewis Morris's plan of the coastline of Aberystwyth, dating from 1748. 'Pen y Dinas' is clearly indicated on the chart as 'Old Fort', noting it as a key landmark for navigation by sea. (© National Library of Wales)

Map ystâd Nanteos o Bendinas yn 1819, yn dangos y fryngaer fel dau gopa ar wahân – 'Roman Camp' a 'Dinas Hill'. Mae'r map hwn yn dangos y darlun cyntaf o'r crug crwn ar y copa deheuol (© Llyfrgell Genedlaethol Cymru, Cyfrol Fapiau 45)

The 1819 Nanteos estate map of Pendinas, showing the hillfort as two distinct summits – 'Roman Camp' and 'Dinas Hill'. This map shows the earliest depiction of the round barrow on the south summit. (© National Library of Wales, Map Volume 45)

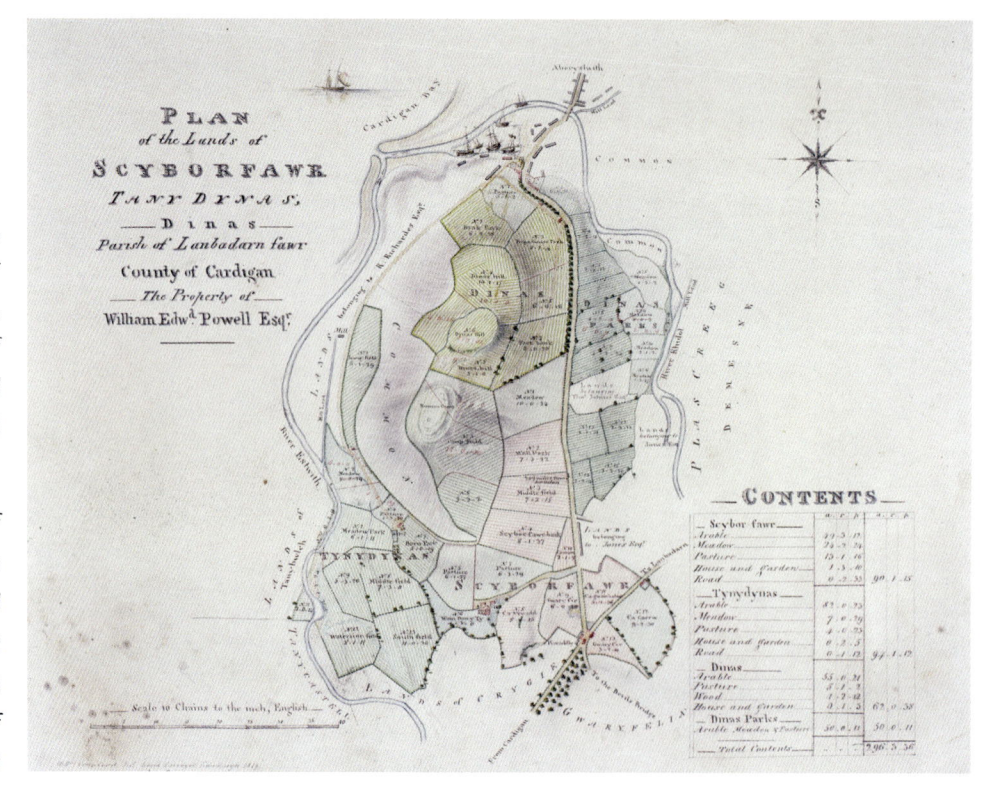

46

Pendinas and the River Ystwyth

Pendinas ac afon Ystwyth; paentiad cyntefig o ddiwedd y 19[eg] ganrif yng nghasgliadau Llyfrgell Genedlaethol Cymru (© Llyfrgell Genedlaethol Cymru, Cyfrol Ddarluniau 56)

Pendinas and the River Ystwyth; a painting by 'the Welsh Primitive' from the later nineteenth century in the collections of the National Library of Wales. (© National Library of Wales, Drawing Volume 56)

Cofgolofn Wellington

Cafodd y gofgolofn 18 metr (59 troedfedd) o uchder i Ddug Wellington ar gopa Pendinas ei chodi'n dilyn ymgyrch casglu cyfraniadau gan y cyhoedd, a gychwynnwyd gan un o gyn-filwyr Waterloo, y Cyrnol Richards o Fryneithin, Llanfarian. Mae'r gofgolofn i'w gweld o fannau sydd filltiroedd i ffwrdd ac mae'n adeilad rhestredig Gradd II. Dechreuwyd ei hadeiladu yn 1853, yn fuan ar ôl marwolaeth Dug Wellington, ac roedd wedi'i chwblhau erbyn 1858. Ni chafodd cerflun o Ddug Wellington, a oedd i'w roi ar ben y golofn, fyth mo'i gwblhau. Mae uchder y gofgolofn yn golygu ei bod wedi'i tharo sawl gwaith dros y blynyddoedd gan fellt, yn anffodus. Cafodd ei tharo ddiwethaf yn ystod cyfnod y Nadolig yn 2023.

Erbyn dechrau'r 20^{fed} ganrif, roedd y gofgolofn wedi dod yn gyrchfan boblogaidd i gerddwyr o'r dref. Os edrychwch ar y plinth sydd o gwmpas gwaelod y gofgolofn, mewn golau sy'n taro'r plinth ar oleddf, fe welwch lwyth o graffiti—enwau, llythrennau cyntaf, calonnau—sydd wedi'u cerfio arno yn ystod y 160 o flynyddoedd diwethaf.

Cafodd rhagor o hanes ei ddatgelu pan ymledodd tân rhedyn mawr ar draws y fryngaer ddeheuol a'r llethrau arfordirol yn 1999. Roedd y darganfyddiadau y daethpwyd o hyd iddynt ar wyneb y tir yn cynnwys rhan o jwg ganoloesol, darnau mân o grochenwaith o'r 18^{fed}/19^{eg} ganrif, dwy farblen a darn chwecheiniog o 1967, sydd i'w gweld yn awr yn Amgueddfa Ceredigion. Mae'r rhain yn dangos mor boblogaidd y mae'r bryn a'r gofgolofn wedi dod dros y blynyddoedd i'r sawl sy'n mwynhau cerdded a chael picnic.

The Wellington Monument

The 18-metre high (59 feet) monument to the Duke of Wellington on the summit of Pendinas was erected by public subscription begun by a Waterloo veteran, Colonel Richards of Bryneithin, Llanfarian. The monument is visible for miles around and is a Grade II listed building. It was begun in 1853, soon after the death of the Duke of Wellington, and completed by 1858. A statue of Wellington destined for its top was never completed. The height of the monument has made it an unfortunate target for lightning strikes over the years, and it was last struck over the Christmas period in 2023.

By the early part of the twentieth century the monument had become a popular destination for walkers from the town. If you look at the plinth around its base in raking light you will see a mass of graffiti—names, initials, love hearts—carved over the last 160 years.

More history was revealed when a large bracken fire swept the southern hillfort and coastal slopes in 1999. Surface finds included part of a medieval jug, eighteenth-/nineteenth-century pottery sherds, two marbles and a 1967 sixpence, now on display in Amgueddfa Ceredigion Museum. These show just how popular the hill and its monument have become for walkers and picnickers over the years.

Cofgolofn Wellington yn 2017. Credir bod siâp y golofn yn cynrychioli canon sy'n sefyll ar ei ben. (Hawlfraint y Goron: CBHC)

The Wellington Monument in 2017. The shape of the column is thought to represent an upended cannon. (Crown Copyright: RCAHMW)

160 o flynyddoedd o hanes: graffiti wedi'u cerfio i mewn i'r plinth ar waelod Cofgolofn Wellington, sydd i'w gweld mewn golau gwan. (Hawlfraint y Goron: CBHC; y llun gan Toby Driver)

160 years of history: graffiti carved into the plinth at the base of the Wellington Monument, picked out in low light. (Crown Copyright: RCAHMW; photo by Toby Driver)

Pendinas gyda Phenparcau ac Aberystwyth yn y cefndir ym mis Mehefin 2023. Mae Hwb Cymunedol Penparcau i'w weld yn agos i ganol yr awyrlun. (Hawlfraint y Goron: CBHC)

Pendinas with Penparcau, and Aberystwyth in the background, June 2023. Penparcau Community Hub can be seen close to the centre of the aerial photograph. (Crown Copyright: RCAHMW)

Creu Lle i Fyd Natur
Chloe Griffiths

Wrth gamu ar Bendinas, byddwch yn barod i weld rhyfeddodau. Mae'r Warchodfa Natur Leol hon yn lle gwych i ddod iddo i weld bywyd gwyllt, ac mae'n cynnwys rhai planhigion ac anifeiliaid arbennig iawn.

Mae pentref Penparcau yn gartref i 22 o rywogaethau ieir bach yr haf, sy'n ffigur syfrdanol, ac mae Pendinas yn lle gwych i'w gweld nhw. Ar ddiwrnod heulog, efallai y gwelwch chi foneddiges y wig yn y gwanwyn, yr adain garpiog yn yr haf, a'r iâr fach lygaid paun yn yr hydref. Maent yn ymweld â'r llethr oherwydd y blodau gwyllt sydd yno, sy'n darparu'r neithdar y mae arnynt ei angen. Cyfrannodd Prosiect Pendinas at ddiogelu'r ardal werthfawr o laswelltir asidig sydd o gwmpas copa'r bryn, lle gallwch weld clychau'r gog yn dychwelyd yn awr, yn ogystal â chlychau'r eos a chneuen y ddaear a oedd wedi bod yn gudd dan yr eithin.

Pan fyddwch ar y bryn, efallai y gwelwch chi frain acrobatig â phigau a choesau fflamgoch yn rholio fel casgenni uwch eich pen. Brain coesgoch yw'r rhain, ac maent yn rhywogaeth warchodedig sy'n mynd yn fwyfwy prin. Maent yma oherwydd eu bod wedi addasu i'n clogwyni arfordirol ac i'n porfeydd lle caiff y glaswellt ei bori'n fyr, lle maent yn defnyddio eu pigau hir i chwilio am fwyd.

O gerdded ar hyd y llwybr canol a syllu ar y darnau o bridd moel sydd yng ngolau'r haul, efallai y gwelwch chi bâr o lygaid yn syllu'n ôl arnoch. Mae'r llethr yn gartref i gytref lewyrchus o fadfallod, ac fe'u gwelir yn aml yn torheulo pan fydd oerfel y bore'n

Making Space for Nature
Chloe Griffiths

When you set foot on Pendinas, be prepared for wonders. This Local Nature Reserve is a brilliant place to come and see wildlife, with some very special plants and animals.

The village of Penparcau is home to an astonishing 22 species of butterflies, and Pendinas is a great spot to see them. On a bright day, you might see the Orange-tip in spring, the Comma in summer and the Peacock in autumn. They visit the hillside because of its wildflowers which provide the nectar they need. The Pendinas Project was instrumental in protecting the precious area of acid grassland around the top of the hill, where you can now see Bluebells returning, as well as the Harebells and Pignut that had been hidden under the Gorse.

Once on the hill, you might see some acrobatic crows with scarlet beaks and legs barrel-rolling over your head. These are the Chough, an increasingly rare Protected Species, here because they are adapted to our coastal cliffs and short-grazed pasture, where they use their long beaks to find food.

If you walk along the middle path and keep your eyes on the sunny patches of bare soil, you might spot a pair of eyes staring back at you. The hillside is home to a flourishing colony of Common Lizards, often found sunbathing as the chill of the morning wears off. Slow-worms and Palmate Newts live here too, as well as the rarely seen

dechrau pylu. Mae nadroedd defaid a madfallod dŵr palfaidd yn byw yma hefyd, yn ogystal â llyg y dŵr, na chaiff ei weld yn aml iawn. Diolch yn fawr i Grŵp Bywyd Gwyllt Penparcau sydd wedi bod yn cynnal prosiect cofnodi bywyd gwyllt dros gyfnod o wyth mlynedd yn y pentref. Dewch i gerdded ar Bendinas a gweld rhyfeddodau ein bywyd gwyllt â'ch llygaid eich hun!

Water Shrew. Sincere thanks go to the Penparcau Wildlife Group, who have run an eight-year wildlife-recording project in the village. Come and take a walk on Pendinas and see our wildlife wonders for yourself!

Boneddiges y wig: un i chwilio amdani yn y gwanwyn, mewn dolydd ac yn unrhyw fan lle mae'r blodyn llefrith yn tyfu (© Dr John Ibbotson)

Orange-tip Butterfly – one to look for in the spring in meadows and anywhere Cuckooflower is growing. (© Dr John Ibbotson)

Y fadfall: mae'r ymlusgiaid hyn yn mwynhau torheulo ar hyd llwybrau'r bryn, ond bydd angen llygaid craff a llawer o amynedd arnoch i'w gweld (© Dr John Ibbotson)

Common Lizard: these reptiles enjoy basking in the sunshine along the paths of the hill, but to see them you need a sharp eye and lots of patience. (© Dr John Ibbotson)

Y frân goesgoch: brân acrobatig â choesau a phig fflamgoch, a welir yn aml yn yr awyr uwchlaw Pendinas (© Dr John Ibbotson)

The Chough, an acrobatic crow with scarlet legs and bill, often seen in the skies above Pendinas. (© Dr John Ibbotson)

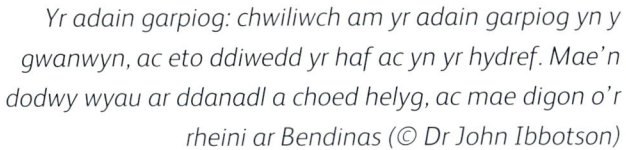

Yr adain garpiog: chwiliwch am yr adain garpiog yn y gwanwyn, ac eto ddiwedd yr haf ac yn yr hydref. Mae'n dodwy wyau ar ddanadl a choed helyg, ac mae digon o'r rheini ar Bendinas (© Dr John Ibbotson)

Comma Butterfly: keep an eye out for the Comma in spring, and again in later summer and autumn. It lays eggs on nettles and willow, both of which Pendinas has in abundance. (© Dr John Ibbotson)

Mae cloch yr eos yn blodeuo ddiwedd yr haf, ac mae'n un o flodau arbennig y glaswelltir asidig sydd ar Bendinas (© Simon Batty)

Flowering in late summer, the Harebell is a special flower of the acid grassland on Pendinas. (© Simon Batty)

53

Y Genhedlaeth Nesaf: Gweithio gydag Ysgol Llwyn yr Eos

Beca Davies

Un sbardun ar gyfer y prosiect hwn oedd yr awydd i gydweithio'n agos â'r plant lleol yn ysgol gynradd Penparcau, sef Ysgol Llwyn yr Eos—pob un o'r 260 o ddisgyblion sydd rhwng 3 ac 11 oed. Gwnaethom drefnu sgyrsiau, teithiau a thasgau er mwyn eu hannog i ymfalchïo yn eu henebyn lleol a'i ystyried yn henebyn byw naturiol lle mae bywyd gwyllt yn ffynnu. Buom â'r plant ar deithiau tywysedig o gwmpas y fryngaer, pan fu rhai ohonynt yn canolbwyntio ar hanes ac archaeoleg a phan fu eraill yn canolbwyntio ar ecoleg y safle. Ar gyfer y teithiau hynny, gwnaethom greu adnoddau addysgol niferus i'r plant eu cwblhau, megis gweithgaredd paru offer cerrig a thaflen 'Eco Bingo' Pendinas!

Cawsom weithdy crochenwaith—difyr a budr—lle bu'r plant yn creu eu darnau eu hunain o grochenwaith Celtaidd ac yn eu haddurno â phethau yr oeddent wedi dysgu amdanynt yn ystod ein teithiau. Bu rhai o'r plant yn

Maelor Gawr yn gwenu ar ben y fryngaer, mewn llun hardd a dynnwyd gan un o ddisgyblion Ysgol Llwyn yr Eos. (Y llun gan Beca Davies)

The Next Generation: Working with Ysgol Llwyn yr Eos

Beca Davies

One of the driving forces for this project was to work closely with the local children at Penparcau's primary school, Llwyn yr Eos—all 260 of them ranging from 3–11 years old. We organised talks, tours and tasks to encourage them to take pride in their local ancient monument and to see it also as a natural living monument where wildlife thrives. We've taken the children on guided tours of the hillfort, with some focusing on history and archaeology, and others focusing on the ecology of the site. For these tours we created numerous educational resources for the children to complete, such as a stone tool pairing activity and even a Pendinas 'Eco Bingo' sheet!

We had a fun and messy pottery workshop where the children created their own Celtic pottery pieces and decorated them with things they'd learnt about on our tours. Some children

A smiling Maelor the giant astride the hillfort, beautifully drawn by a pupil from Ysgol Llwyn yr Eos. (Photo by Beca Davies)

creu tarianau Celtaidd a photiau a oedd yn dangos blodau lleol, nadroedd defaid, llwynogod, troelliadau Celtaidd, a hyd yn oed eliffant!

O ran gwaddol y prosiect buom yn cydweithio â Megan Elinor Jones, artist murluniau lleol, i greu Murlun Pendinas yn Ysgol Llwyn yr Eos. Mae'r henebyn i'w weld yn glir o'r iard chwarae, mae'n rhan o emblem yr ysgol ac mae'n elfen bwysig o hunaniaeth y plant. Mae'r murlun yn cynnwys y ffigwr chwedlonol Maelor Gawr, yn ogystal â dyluniadau'r plant a ysbrydolwyd gan Bendinas! Rydym yn gobeithio y bydd y plant bob amser yn falch o'r hyn y maent wedi'i gyflawni, ac y bydd hwn yn waddol cadarnhaol i'r prosiect.

created Celtic shields and pots showcasing local flowers, slow-worms and foxes, Celtic spirals, and even an elephant!

For the project's legacy, we've collaborated with local mural artist, Megan Elinor Jones, to create the Pendinas Mural at Ysgol Llwyn yr Eos. The ancient monument can be seen clearly from the playground, it forms part of their school emblem and is a huge part of their identity. This mural features the mythological giant Maelor as well as the children's designs which are inspired by Pendinas! We hope that the children will always be proud of what they've achieved and that this will be a positive legacy of the project.

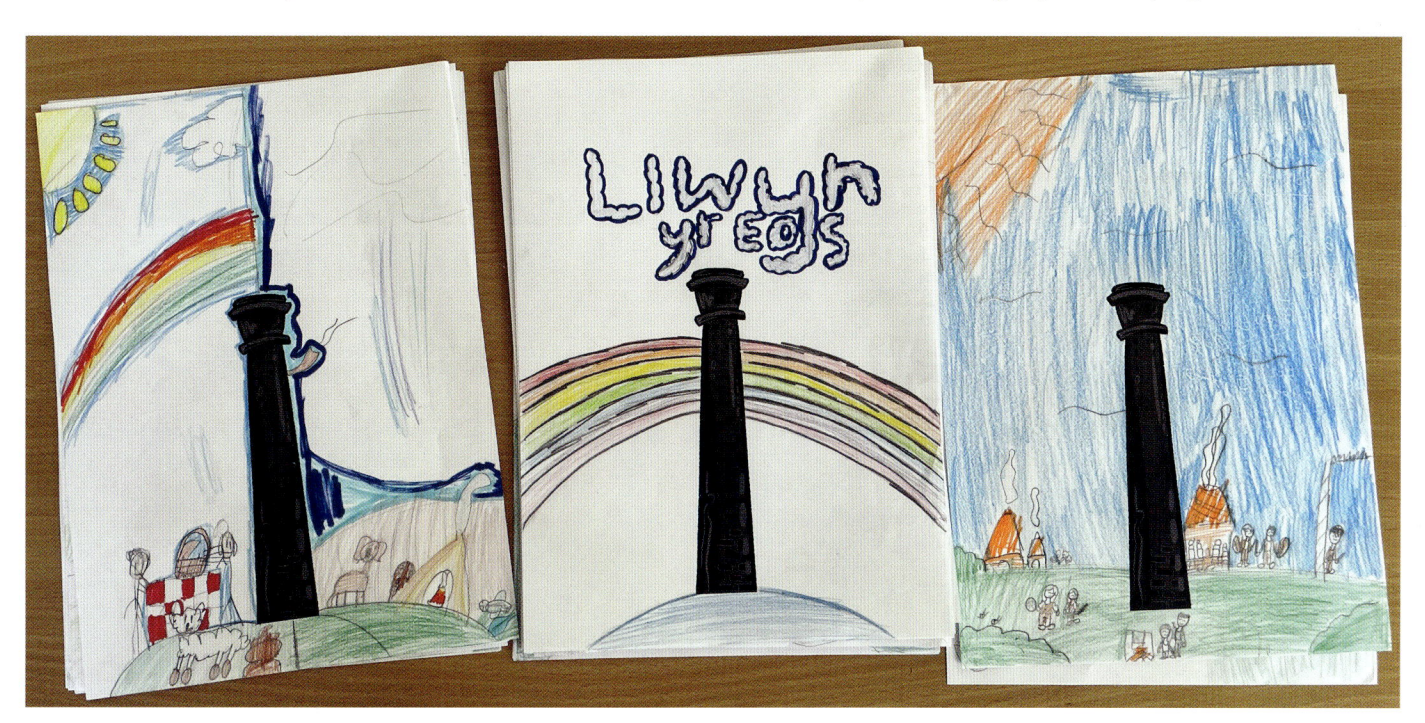

Rhai o'r gweithiau celf creadigol gwych a grëwyd gan ddisgyblion o Ysgol Llwyn yr Eos. (Y llun gan Beca Davies)

Some of the brilliant creative artworks produced by pupils from Ysgol Llwyn yr Eos. (Photo by Beca Davies)

Maelor Gawr, Pendinas a thŷ Pant-yr-allt wedi'u hanfarwoli mewn murlun newydd gan Megan Elinor yn Ysgol Llwyn yr Eos. (Hawlfraint y Goron: CBHC. Murlun gan Megan Elinor Jones, comisiynwyd gan Brosiect Cymunedol Bryngaer Pendinas)

Maelor the giant, Pendinas and Pant-yr-allt house immortalised in a new mural by Megan Elinor at Ysgol Llwyn yr Eos. (Crown Copyright: RCAHMW. Mural by Megan Elinor Jones, commissioned by the Pendinas Hillfort Community Project)

Yn dal i edrych dros arfordir y gorllewin: bryn Pendinas yn ymestyn uwchlaw gwrthdroad cymylau trawiadol ar noson o wanwyn yn 2018. (© Scott Waby)

Still commanding the west coast: Pendinas hill rising above a spectacular cloud inversion on a spring evening in 2018. (© Scott Waby)

Cael Gwybod Mwy!

Pendinas – ei gyd-destun:
Toby Driver. *The Hillforts of Cardigan Bay*, 2il Argraffiad diwygiedig. (Logaston Press, 2021)
Toby Driver, *The Hillforts of Iron Age Wales* (Logaston Press, 2023)

Pendinas – cloddio ac arolygu:
C. Daryll Forde, 'Excavations on Pen Dinas Hill Fort, Aberystwyth, Cards.', *Bwletin y Bwrdd Gwybodau Celtaidd*, Cyfrol VII, Rhan 1 (Tach. 1933), tt. 77-80
C. Daryll Forde, 'Excavations on Pen Dinas Hill Fort, Aberystwyth, Cardiganshire, Second Season, 1934', *Bwletin y Bwrdd Gwybodau Celtaidd*, Cyfrol VII, Rhan III (Tach. 1934), tt. 324-7
C. Daryll Forde, W. E. Griffiths, A. H. A. Hogg a C. H. Houlder, 'Excavations at Pen Dinas, Aberystwyth', *Archaeologia Cambrensis*, Cyfrol CXII (1963), tt. 125-153
David Browne a Toby Driver, *Bryngaer Pen Dinas Hill-fort. A Prehistoric Fortress at Aberystwyth* (CBHC, 2001)

Cewri Cymru:
Chris Groom, *The Giants of Wales: Cewri Cymru* (Llanbedr Pont Steffan: Edwin Mellen Press, 1993), yn enwedig tt. 197, 308-9

Cofgolofn Wellington:
Barbara Evans, 'Wellington and the Pendinas Monument', *Cardiganshire Family History Society Journal: Cylchgrawn Cymdeithas Hanes Teuluoedd*, Cyfrol 7, rhif 4 (Mawrth 2015), tt. 96-101

Darganfyddiadau ac archifau 1933 a 1934:
Mae rhai darganfyddiadau'n cael eu cadw yn Amgueddfa Ceredigion: amgueddfaceredigion.cymru
Archif gloddio: Casgliad Cloddio Pendinas, CBHC: https://coflein.gov.uk/cy/archif/6028579

Darganfyddiadau ac archifau 2022 – 2024:
Heneb: Ymddiriedolaeth Archaeolegol Cymru: https://www.dyfedarchaeology.org.uk/wp/

Mae rhagor o wybodaeth a delweddau ar gael ar:
Coflein: cronfa ddata ar-lein CBHC. Bryngaer Pendinas NPRN: 92236. Coflein.gov.uk
Archwilio: cronfeydd data ar-lein Heneb: Ymddiriedolaeth Archaeolegol Cymru. Pendinas PRN 3993. Archwilio.org.uk

Discover More!

Pendinas in context:
Toby Driver. *The Hillforts of Cardigan Bay*, revised 2nd edition (Logaston Press, 2021)
Toby Driver, *The Hillforts of Iron Age Wales* (Logaston Press, 2023)

Pendinas excavations and survey:
C. Daryll Forde, 'Excavations on Pen Dinas Hill Fort, Aberystwyth, Cards.', *Bulletin of the Board of Celtic Studies*, Vol. VII, Part 1 (Nov. 1933), pp. 77-80
C. Daryll Forde, 'Excavations on Pen Dinas Hill Fort, Aberystwyth, Cardiganshire, Second Season, 1934', *Bulletin of the Board of Celtic Studies*, Vol. VII, Part III (Nov. 1934), pp. 324-7
C. Daryll Forde, W. E. Griffiths, A. H. A. Hogg and C. H. Houlder, 'Excavations at Pen Dinas, Aberystwyth', *Archaeologia Cambrensis*, Vol. CXII (1963), pp. 125-153
David Browne and Toby Driver, *Bryngaer Pen Dinas Hill-fort. A Prehistoric Fortress at Aberystwyth* (RCAHMW, 2001)

On Welsh giants:
Chris Groom, *The Giants of Wales: Cewri Cymru* (Lampeter: Edwin Mellen Press, 1993), especially pp. 197, 308-9

Wellington Monument:
Barbara Evans, 'Wellington and the Pendinas Monument', *Cardiganshire Family History Society Journal: Cylchgrawn Cymdeithas Hanes Teuluoedd*, Vol. 7, no. 4 (March 2015), pp. 96-101

Finds and archives 1933 and 1934:
Some finds are deposited at Amgueddfa Ceredigion Museum: ceredigionmuseum.wales
Excavation archive: Pen Dinas Excavation Collection, RCAHMW: https://coflein.gov.uk/en/archive/6028579

Finds and archives 2022–2024:
Heneb: Dyfed Archaeological Trust: https://www.dyfedarchaeology.org.uk/wp/

Further information and images available on:
Coflein: the RCAHMW online database. Pendinas Hillfort NPRN: 92236. Coflein.gov.uk
Archwilio: the online databases of Heneb: Dyfed Archaeology. Pen Dinas PRN 3993. Archwilio.org.uk

Diolchiadau

Mae tîm Prosiect Pendinas yn ddiolchgar iawn i'r bobl a'r sefydliadau canlynol sydd wedi helpu i sicrhau bod y prosiect yn gymaint o lwyddiant ac sydd wedi cyfrannu i'r cyhoeddiad hwn. Hebddynt, ni fyddai yna brosiect ac ni fyddai yna lyfr.

Hoffem ddiolch i aelodau Pwyllgor Llywio Pendinas: Fran Murphy, Chloe Griffiths, Alan Chamberlain, Eva De Visscher, yr Athro Sarah Davies, y Cynghorydd Carl Worrall, y Cynghorydd Keith Henson, Sam Hughes-Evans a Carrie Canham. Rydym hefyd yn ddiolchgar i Louise Mees o Cadw, Gwenfair Owen ac Alison Heal o Gyngor Sir Ceredigion, a Chymdeithas Hanes Ceredigion. Yn Heneb, hoffem ddiolch i Luke Jenkins, Alex Powell, Alice Pyper, Marion Shiner, Jenna Smith, Erin Lloyd, Jessica Domiczew a Charlie Enright. Yn y Comisiwn Brenhinol, hoffem ddiolch i Louise Barker, Marco Barbarino, Dr Jayne Kamintzis, Steve Bailey-John, Nicola Roberts, Bethan Hopkins-Williams a Marisa Morgan. Mae Christopher Catling, Ysgrifennydd a Phrif Weithredwr y Comisiwn Brenhinol wedi bod yn arbennig o gefnogol i'r prosiect cymunedol hwn, a gyda Ken Murphy a Dr Toby Driver chwaraeodd ran allweddol yn y gwaith o sicrhau bod y prosiect yn cael ei ddylunio a'i ariannu'n llwyddiannus.

Diolch o galon i bob un o'r gwirfoddolwyr ymroddgar a fu'n cloddio ar y fryngaer yn 2021 a 2023. Mae yna ormod i sôn amdanynt yn unigol (ond rydych yn gwybod pwy ydych chi!). Diolch hefyd i'r Athro Helen Roberts o Brifysgol Aberystwyth am wneud gwaith dyddio ymoleuedd a ysgogir yn optegol yn ystod gweithgareddau cloddio 2023. Cynhaliodd Prosiect Pendinas lawer o ddigwyddiadau yn Hwb Cymunedol Penparcau ac rydym yn ddiolchgar i'r holl staff, gan gynnwys Sam Hughes-Evans, Sue Fisher, Anthony Taylor, Kerry Richards ac Allan Cole, a'n helpodd i sicrhau eu bod yn ddigwyddiadau

Acknowledgments

The Pendinas Project team are very grateful to the following people and organisations who have helped to make the project such a success, and who have contributed to this publication. Without them, there would have been no project and no book.

Our thanks to the members of the Pendinas Steering Committee: Fran Murphy, Chloe Griffiths, Alan Chamberlain, Eva De Visscher, Professor Sarah Davies, Councillor Carl Worrall, Councillor Keith Henson, Sam Hughes-Evans and Carrie Canham. We are also grateful to Louise Mees of Cadw, and Gwenfair Owen and Alison Heal of Ceredigion County Council, and Cymdeithas Hanes Ceredigion Historical Society. From Heneb we would like to thank Luke Jenkins, Alex Powell, Alice Pyper, Marion Shiner, Jenna Smith, Erin Lloyd, Jessica Domiczew, Charlie Enright. From the Royal Commission we would like to thank Louise Barker, Marco Barbarino, Dr Jayne Kamintzis, Steve Bailey-John, Nicola Roberts, Bethan Hopkins-Williams, and Marisa Morgan. Christopher Catling, RCAHMW's Secretary and CEO has been particularly supportive of this community project and with Ken Murphy and Dr Toby Driver was instrumental in the project's successful design and funding.

Our thanks to all our dedicated volunteer diggers who worked on the hillfort excavations in 2021 and 2023, too numerous to mention individually (but you know who you are!). Our thanks also to Professor Helen Roberts from Aberystwyth University for carrying out OSL dating during the 2023 excavations. The Pendinas Project held many events in Penparcau Community Hub, and we are grateful to all the staff who have helped to make these a success, including Sam Hughes-Evans, Sue Fisher, Anthony Taylor,

llwyddiannus. Darparodd Heather a Marilyn Evans de a lluniaeth blasus ym mhob un o'n digwyddiadau, a gwnaeth Richard Griffiths o Glwb Rotari Ardal Aberystwyth reoli'r parcio'n effeithlon yn ystod yr Ŵyl.

Hoffem ddiolch o galon i Mark Wylde sydd wedi ein helpu'n gyson ar hyd y blynyddoedd drwy ganiatáu i archaeolegwyr, contractwyr ac arolygwyr gael mynediad i'r fryngaer drwy ei gaeau, ac sydd wedi darparu llawer iawn o gymorth gyda logisteg o ddydd i ddydd yn ystod y gweithgareddau cloddio. Diolch hefyd i'r artistiaid lleol, Charlotte Baxter a Megan Elinor Jones. Yn Ysgol Llwyn yr Eos, rydym wedi cael help gan y Pennaeth, Brian Evans, a'r Dirprwy Bennaeth, Steffan Davies.

Wrth gynhyrchu'r llyfr hwn, cawsom help gan lawer o bobl eraill a oedd yn cynnwys Arthur Chater, Richard Suggett, Adam Gwilt ac Alastair Willis yn Amgueddfa Cymru, Ioan a Mike Ings o Akron Productions, Helen Palmer yn Archifdy Ceredigion, Carrie Canham ac Andrea De'Rome o Amgueddfa Ceredigion, a Dr Oliver Davis o Brifysgol Caerdydd. Cafodd graffigwaith a gomisiynwyd yn arbennig ei ddarparu gan Carys Tait (y map mynediad) a Will Foster yn Wessex Archaeology (darlun ail-greu'r fryngaer). Hoffem ddiolch hefyd i Dr John Ibbotson am ddarparu ei luniau bendigedig o fywyd gwyllt, Scott Waby am ddarparu ei awyrluniau anhygoel, Simon Batty am ei lun o gloch yr eos, a Buddug Lloyd Davies am ei llun o ymweliad yr Ysgol Gymraeg. Darparodd Owain Hammonds gyngor am gyhoeddi, a fe ddyluniodd y llyfr hefyd.

Yn olaf, hoffem ddiolch i Beca Davies, ein Swyddog Allgymorth Cymunedol gwych, am ymgysylltu â nifer fawr o ysgolion, mudiadau a gwirfoddolwyr ac am ymgysylltu â phawb a oedd â diddordeb yn y prosiect, gan rannu o'i gwybodaeth yn ddiflino yn ei ffordd frwdfrydig a hwyliog ei hun.

Diolch, bawb!

Kerry Richards, Allan Cole. Heather and Marilyn Evans provided tea and delicious refreshments at all our events. Richard Griffiths from Ardal Aberystwyth Rotary Club efficiently managed the parking at the Festival.

Our sincere thanks to Mark Wylde who has been a consistent help throughout the years allowing archaeologists, contractors and surveyors access to the hillfort through his fields as well as providing an enormous amount of assistance with day-to-day logistics during the excavations. Thanks also to local artists Charlotte Baxter and Megan Elinor Jones. At Ysgol Llwyn yr Eos we have been helped by Headmaster Brian Evans and Deputy Head Steffan Davies.

During the production of this book we were helped by many other people, including Arthur Chater, Richard Suggett, Adam Gwilt and Alastair Willis at Amgueddfa Cymru– Museum Wales, Ioan and Mike Ings of Akron Productions, Helen Palmer at Archifdy Ceredigion Archives, Carrie Canham and Andrea De'Rome from Amgueddfa Ceredigion Museum, and Dr Oliver Davis from Cardiff University. Specially commissioned graphics were provided by Carys Tait (access map), and by Will Foster at Wessex Archaeology (hillfort reconstruction). We would also like to thank Dr John Ibbotson for providing his splendid wildlife photographs, Scott Waby for providing his incredible aerial images, Simon Batty for his image of a harebell and Buddug Lloyd Davies for her photograph of the Ysgol Gymraeg visit. Owain Hammonds provided publication advice and also designed the book.

Finally, we would like to thank Beca Davies, our brilliant Community Outreach Officer, for engaging with numerous schools, organisations, volunteers and everyone interested in the project, tirelessly sharing her knowledge with characteristic enthusiasm and good humour

Thank you everyone!

Llinell Amser Pendinas

- 10,000–5,000 CC Gweithgarwch Mesolithig. Darnau bach o fflint wedi'u darganfod yn Nhan-y-bwlch yn 1922
- Tua 4000 CC Bwyell garreg o'r Oes Neolithig o Bendinas
- Tua 2500–2000 CC Coedwig danfor, Tan-y-bwlch
- Tua 2500 CC Tomen gladdu o'r Oes Efydd, wedi'i chreu ar dop Pendinas
- 800-50 CC Yr Oes Haearn. Bryngaer Pendinas yn cael ei chodi a'i datblygu fesul cam
- 50 CC–43 OC Diwedd yr Oes Haearn a'r Goncwest Rufeinig. Pobl wedi cefnu'n ôl pob tebyg ar fryngaer Pendinas oherwydd ymgyrchoedd y Rhufeiniaid
- 43–410 OC Cymru yn ystod Oes y Rhufeiniaid
- 230 OC Adeiladu Fila Abermagwr yn Nyffryn Ystwyth
- 307 OC Darn o arian yr Ymerawdwr Maximian, wedi ei fathu yn y flwyddyn 307 OC a'i ddarganfod ym Mhendinas yn y 1930au
- Y 6ed ganrif Oes Cristnogaeth Gynnar. Padarn Sant yn sefydlu cymuned grefyddol yn Llanbadarn Fawr
- 1277 Sefydlu Castell a Bwrdeistref Aberystwyth
- Tua 1600 Siôn Dafydd Rhys yn ysgrifennu am gewri Cymru, gan gynnwys Maelor Gawr a oedd yn byw ym Mhendinas ('Dinas Maelor')
- 1772 Codi'r Tollty yn Southgate. Cafodd ei gau yn 1889, ei ddymchwel yn 1959 a'i ailgodi yn yr Amgueddfa Werin yn Sain Ffagan in 1968
- 1852–1858 Codi cofgolofn Wellington ar gopa Pendinas
- 1872 Sefydlu Coleg Prifysgol Cymru, Aberystwyth
- 1907 Sefydlu Llyfrgell Genedlaethol Cymru
- 1908 Sefydlu Comisiwn Brenhinol Henebion Cymru a Sir Fynwy. Y cadeirydd cyntaf oedd Syr John Rhŷs o Bonterwyd
- 1910au/30au Sefydlu 'Gardd-bentref' Penparcau ar lethrau Pendinas
- 1933–1937 Yr Athro Daryll Forde yn cloddio ar Bendinas
- 1960 Agor Ysgol Llwyn yr Eos
- 1999 Bryngaer Pendinas a'r cynefinoedd o'i chwmpas yn cael eu dynodi'n Warchodfa Natur Leol Pendinas a Than-y-bwlch
- 2017 Agor yr Hwb, sef Canolfan Fforwm Cymuned Penparcau
- 2021 a 2023 Ymddiriedolaeth Archaeolegol Dyfed a'i phartneriaid a gwirfoddolwyr yn cloddio ar Bendinas
- 2024 Prosiect Cymunedol Bryngaer Pendinas yn dod i ben drwy gynnal Gŵyl a pharatoi'r llyfryn hwn!